■ HISTOIRE ■
CHARMANTE DE
L'ADOLESCENTE
SUCRE D'AMOUR

Envoi :

Cher Schmied, c'est pour
vous plaire que ce texte
inédit a été mis au
point. Sans vous, sans
votre ferveur, il serait
encore dans le néant.

Votre ami
J. C. M

HISTOIRE CHARMANTE DE L'ADOLES- CENTE SUCRE D'AMOUR

F. L. SCHMIED : RUE HALLÉ 74 BIS PARIS 1927

Et le Conteur, cette nuit-là, raconta ceci à ses auditeurs :

Il nous est revenu, par les récits de nos pères anciens, que, dans la ville bénie de Baghdad, ville immémoriale des enchantements, à l'ombre de cette cité de paix dont les murailles s'appelaient SALUT et les portes LOUANGES, il y avait au temps glorieux du Khalife Haroun Al-Raschid,

MAIS ALLAH L'OMNISCIENT EST PLUS SAVANT ET PLUS PÉNÉTRANT, QUI SEUL PEUT DIFFÉRENCIER L'IMAGINAIRE D'AVEC LE RÉEL ET LE CACHÉ D'AVEC L'APPARENT. ET EXALTATION A LUI QUI TAILLA SON CIEL EN PLEIN AZUR, ALLUMA UN SOLEIL DE DIAMANT, SERTIT UNE LUNE DANS L'ÉMAIL TRANSPARENT, ET PEIGNIT, SUR DU SATIN HUMIDE, LES ÉTOILES DU FIRMAMENT.

Il y avait, dans une modeste demeure, perdue parmi les palais somptueux des bords du Tigre, un vénérable cheikh qui, du fait de sa charge et de ses fonctions, était lieutenant des Pigeons du Khalife. Et son titre était : Emir des Pigeonniers

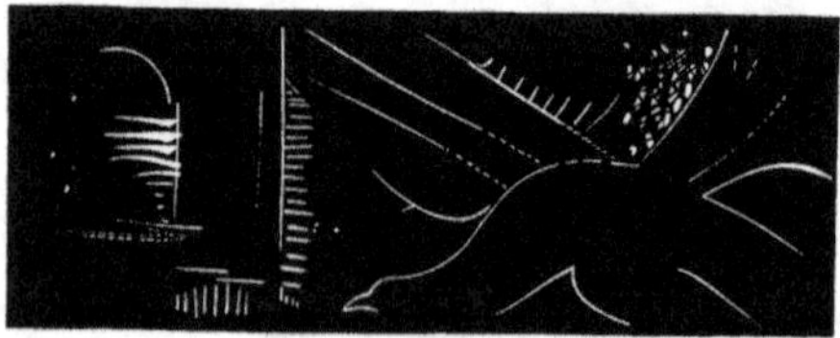

de l'Empire. Et il s'appelait, de son nom et du nom de son père, El-Hadj Manssour ibn-Fahd.

Et le Khalife avait confié, en toute sécurité, à El-Hadj Manssour, cette fonction délicate entre les fonctions, parce qu'il avait eu, maintes fois, l'occasion d'apprécier l'extrême probité de cet homme de bien.

Cette charge, en effet, de gardien des pigeons exigeait, outre la scrupuleuse honnêteté, un œil ouvert de jour et de nuit, et une vigilance perpétuellement en éveil. Car ces pigeons étaient les plus précieux auxiliaires du Khalife en temps de guerre et en temps de paix, et les plus fermes soutiens du royaume. Messagers secrets et courriers plus rapides que le vent, ils renseignaient, à toute heure, l'Emir des Croyants, par les plis cachés dans leurs ailes, sur les moindres événements qui se passaient à la surface des continents, dans le vaste domaine des musulmans et dans les contrées des mécréants.

Aussi le Khalife avait-il pour ses pigeons un attachement qui allait jusqu'à la passion, et une passion qui allait si loin qu'il les préférait même à ses propres enfants, les héritiers de son Empire et du sang de ses ancêtres bénis. Mais il reportait sur le gardien des pigeons un peu de cette affec-

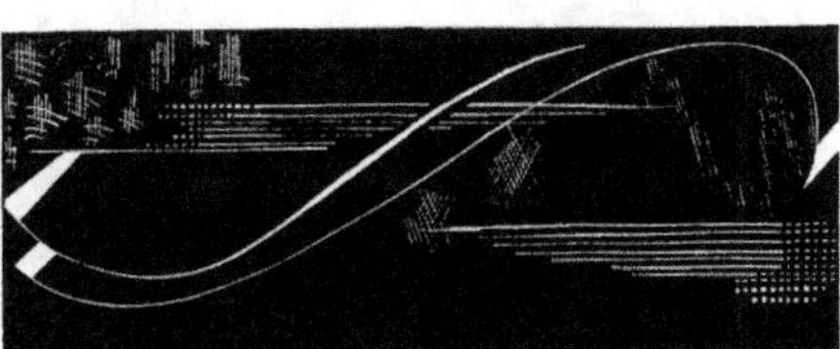

2

tion passionnée qu'il avait vouée à ses élèves ailés.
Car il avait été conquis par la modestie de ce serviteur effacé, à l'air toujours calme et souriant, et
qui était doué, à un degré éminent, de l'équilibre
des sentiments.

'est pourquoi Al Raschid allait souvent converser avec son ami le cheikh gardien, qui vivait
là-haut, dans l'isolement des pigeonniers, en tête
à tête avec la gent ailée et roucoulante. Et, là, il
dépouillait avec lui le courrier secret apporté dans
le duvet des oiseaux, à l'intérieur de la tour pleine
du bruissement des ailes, des langoureux soupirs
des épouses pigeonnes, des plaintes d'amour des
veuves et du bruit de tous les gosiers infatigables
et de tous les becs sonores.

t même, un jour, le Khalife, comme il venait de
lire, dans un pli apporté par un pigeon, la nouvelle d'une grande victoire de son armée sur les
rebelles du Kafiristan, avait fait don à son humble
ami, et posé, de ses propres mains, sur la tête du
cheikh, l'insigne de ses fonctions : un pigeon d'or,
avec des yeux de rubis, perché sur un socle d'or,
tenant dans son bec une missive d'or, et se déta-
chant sur un écu de sinople, d'azur et d'or.

t c'est ainsi que vivait côte à côte, en échange
de délicieux sentiments, le plus puissant potentat

du temps et le plus obscur de ses féaux servants. ais où est l'humain qui peut se dire à l'abri de son propre destin ?

oici qu'un jour, en effet, Celle-qui-frappe-aux-portes, celle qui, par tous les temps, heurte aux heurtoirs des petits et des grands, et à laquelle on obéit à l'heure et à l'instant, la Séparatrice des amis, vint heurter à la porte d'El-Hadj Manssour. Et elle trouva le cheikh prêt à la recevoir en fervent musulman, et à se démettre entre ses mains en résigné croyant. Et l'oiseau Anka de l'âme de ce vrai musulman s'allégea du poids de son corps, et, dans la grâce du Clément-sans-bornes, il trépassa, en prononçant la Formule de l'Unité du Seul Vivant.

r, lorsqu'il eut ainsi donné sa démission entre les mains de son Créateur, une place de choix lui fut réservée dans les Parterres Sublimes. Cela afin que fût accomplie la promesse faite aux croyants par le Privilégié du Double-Jardin, notre suzerain et notre nabi Môhammad de l'Arabie — sur lui le salam et les plus choisies des bénédictions ! — Car en raison de la pureté de sa vie et de sa fraîcheur de cœur, il fut accordé au Hadj Manssour, par le Rétributeur, de pénétrer dans le Séjour de Volupté, et de s'asseoir au bord

4

des quatre grands fleuves de lait, de miel, de sorbet et d'encens. Là, à l'ombre des arbres lilas, chargés de leurs fruits-délices, dans la fraîcheur des Pavillons de nacre, de pourpre et de corail, où, dans chacun sont soigneusement gardées sept cents jeunes houris aux grands yeux blancs et noirs, il pouvait désormais, dans la sécurité, se réjouir de la beauté de ces vierges dotées d'une virginité renouvelable et renouvelée, et louant le Donateur pour ses bienfaits.

t là même, par une faveur insigne, le Hadj Manssour, qui avait tant aimé les bêtes de son vivant, ne fut point privé, après sa mort, de leur innocente société. Car, au lieu d'avoir, comme voisins, des fils d'Adam de son espèce, il lui fut accordé de se distraire en la compagnie de ceux qui étaient ses semblables par le cœur et par les sentiments. On lui fixa, en effet, comme tapis de repos, le tapis le plus proche des Onze Animaux Privilégiés à qui furent ouvertes les portes du Parvis, à savoir :

e Chameau du Prophète Elie ; le Bélier de notre père Abraham ; la Baleine de Jonas ; la Huppe Yafour, servante de Salomon; la Fourmi de Salomon; l'Anesse de Balaâm qui, avec sa langue par miracle dénouée, reprocha sa conduite à Balaâm; l'Anesse de Jésus, Fils de la Vierge Mariam ; l'Ane

Ofaïr de notre seigneur Môhammad d'Arabie ; la
Mule Duldul du nabi des Deux Mondes, notre
répondant ; la Jument féerique Al-Borak, qui fit
faire son Ascension à notre Prophète béni ; et enfin le chien Kitmir, des Sept Dormants de la Caverne.

insi le cheikh Manssour devint le douzième de
cette troupe d'Élus, non loin de l'Arche Sublime
et des Tables de Chrysolithe.

r sur ces douze Bienheureux, dans les Libres
Prairies, milliers de salams et bénédictions
de choix ! Puissions-nous partager leur destin
charmant.

AMIN !

t voilà pour ce qui est d'El-Hadj Manssour ibn
Fahd, le Baghdadien de son vivant Lieutenant
des Pigeons de l'Émir des Croyants.

ais pour ce qui est de l'épouse de ce Bienheureux, et de tout ce qu'elle perpétra, et de ce qui
s'en suivit,

t pour ce qui est de l'Adolescente Sucre
d'Amour et de son histoire charmante,

t pour ce qui est de l'Adolescent Grain de
Musc, et de quelques autres personnages,

Voici :

e Destin avait voulu que la mort d'El-Hadj

Manssour coïncidât avec une longue absence du
Khalife, loin de sa ville de Baghdad, pour les
soins d'une expédition guerrière dans le Khorassan. Et cette mort passa, de la sorte, complétement inaperçue, au milieu des calamités de la
guerre et des deuils publics. Et le défunt avait
disparu sans troubler personne et sans être troublé par personne.

■r, heureusement pour la perpétuité de son souvenir, il avait laissé dans sa demeure une épouse
insigne à la fois et singulière, et une enfant de sa
race et de sa lignée, jouvencelle de splendeur et
de bénédiction.

■'épouse à la fois insigne et singulière du défunt,
était connue dans tout le quartier sous le nom
d'Omm El-Hôl. Cela à cause de la terreur qu'elle
inspirait par ses exploits et sa finesse. Car son intelligence était doublée d'expédients et d'artifices.
Et on la disait capable de faire couler l'eau en
sens contraire, de dévider le fil des toiles d'araignées, et de donner des leçons à Eblis lui-même.
Rien ne lui demeurait étranger de la Science Secrète, ni des lignes et des chiffres de la Table
Géomancique. Par la seule puissance de son regard fascinateur, direct comme le regard de l'épervier, et par l'émission de syllabes commina-

toires, elle pouvait faire sauter l'une après l'autre les molaires des mâchoires, et nouer à distance les aiguillettes des mâles. Et elle gardait, dans son corps resté plus jeune que celui des jeunes filles, la souplesse des léopards. Et elle avait, dans les traits de son visage resté beau et séduisant, quelque chose de ténébreux, qui inquiétait comme le visage des chats ensorcelés. Et elle passait pour invulnérable comme la fève de Malabar, et semblable, en tous points, au couteau du marchand de colocases.

Mais le Donateur avait placé, dans cette mystérieuse nature, un sentiment qui prenait toute la place du cœur, et c'était la tendresse d'Omm El-Hôl pour sa fille, la lumière de ses yeux, l'Adolescente sans pareille Sucre d'Amour.

Et cette enfant était, en vérité, un miracle d'or sorti des mains de son Créateur.

Jamais, de mémoire d'Ange dans le ciel, un jeune cygne n'avait jailli du nid des cygnes, et ne s'était balancé à la surface des eaux avec autant de blancheur et de beauté, qu'au fond du harem cette vierge enfant.

Et c'est elle même que le poète a dépeinte, quand il a dit :

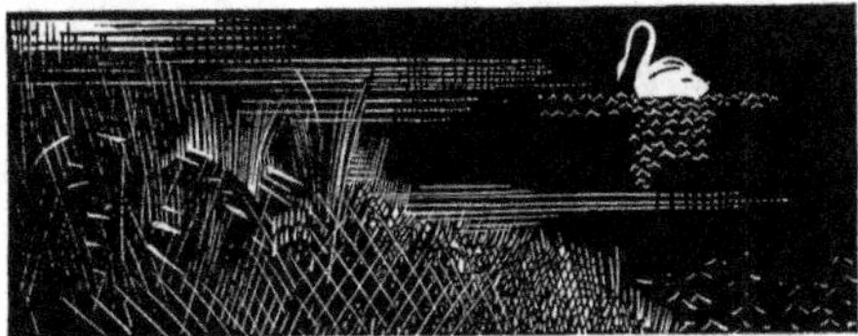

“Comme viennent les lys, sans nous dire pourquoi, elle fleurit comme les lys sans nous dire pourquoi.

“C’est une enfant vermeille de quatorze ans et demi, tyrannie muette qui subjugue sans paroles.

“Ah ! près de son visage que deviennent les beautés de Cachemire et de Chine ?

“Fille éthérée des Génies, elle est autant au-dessus des autres beautés, que la main qui donne est au-dessus de la main qui reçoit.

“Les humains ne sauraient la regarder, que de la manière dont ils regarderaient les Anges, à genoux et prosternés.

“Enchanteresse de naissance, même dans le ventre de sa mère, elle faisait déjà chanter d’amour.

“Une jouvencelle à visage de lune, balsamique fleur à odeur de jasmin.

“Elle est une fête pour les yeux, un épanouissement pour les poitrines.

“Face claire comme l’aurore, nuque d’argent, œil babylonien, cils assassins, sourcils tracés comme la lettre noun,

“Teint éburnéen, joues de rose, narines palpitantes, petite bouche secrétant le sucre

candi,

« Ah ! sa petite bouche ! En elle sont, deux par deux, ses dents plus brillantes que le collier des Pléiades,

« En elle est son haleine, mélange des parfums de neuf sachets Khitaïens,

« En elle, sur les deux coins charmants des lèvres, une commissure, où sourit un grain de musc naturel qui rend jaloux le musc de Tartarie.

« Les boucles de sa chevelure sont jacinthes sauvages, et ses ravissantes oreilles ont la séduction du coquillage marin.

« Quant à sa chair adolescente, nourrie de pâte d'amandes, au milieu des lotus en fleurs, à l'ombre des bananiers,

« On ne vit jamais chair plus dorée, ni plus translucide, ni plus beurrée,

« Une chair issue comme d'un mélange de soixante pétales de rose et d'une once de safran,

« Et si lumineuse qu'elle éclaire la mœlle de ses membres, et rayonne à travers ses robes de soie, fussent-elles soixante-dix ;

« Une chair pétrie par les doigts divins pour donner les seuls fruits souhaitables de la vie : la joie, l'amour et la beauté.

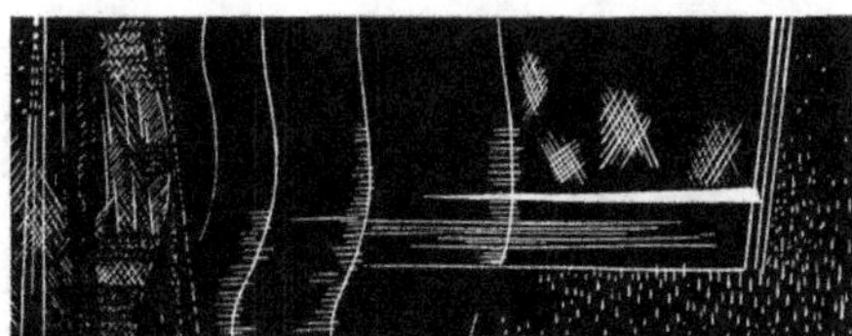

“ ■t son regard! Comme la poudre de projection, il convertit en or tout ce qu'il touche.

“ ■n sourire de ses yeux est un talisman pour l'élu qui le reçoit,

“ ■a voix est une musique des pays improbables, faite des soupirs des houris, de parfums jamais sentis, de rayons de lune et d'arrêts du cœur.

“ ■t le timbre de cette voix enchante l'entendeur comme s'enchantent d'une flûte mélancolique les caravanes perdues.

“ ■a petite main, où cinq fossettes sourient, si elle est ornée d'ongles si roses, c'est qu'elle enfonce ses doigts dans le sang de nos cœurs.

“ ■ur ses petits pieds dansants, quand elle s'avance dans le jardin, où elle vit au milieu de ses sœurs les roses, nées comme elle du sang des anciennes reines,

“ ■lle est la perdrix qui se dandine ; et chacun de ses pas balance notre cœur dans une mélodie.

“ ■t quand elle danse sur ses deux petits pieds plus légers que deux pétales de fleur, elle danse sans bouger, par la seule ordonnance des lignes.

11

"**■**ors, la voyant, les boutons des fleurs, émerveillés, déchirent à l'envi la robe de leur pudeur,

"**■**'orgueilleux narcisse lui-même se hausse sur sa tige, et, de tous ses yeux, l'admire ; l'oiseau chanteur s'arrête, ivre d'amour ;

"**■**t nos sens sont bouleversés comme la chevelure en désordre d'un désespéré.

"**■**ais si elle nous quitte pour courir, c'est l'envol d'une troupe de colombes ;

"**■**t la poussière de ses pieds fume comme un encens et sert de collyre à nos yeux.

"**■**lle disparaît ! Mais elle ne nous quitte pas tout à fait : un peu de son essence nous reste pour nous embaumer.

"**■**h ! bénédictions sur ce lys, idole des cœurs, et saluts en parfums de l'Arabie".

■t telle était l'Adolescente Sucre d'Amour, fille du défunt El-Hadj Manssour.

■r, ce jour là précisément, Omm El-Hôl, mère de Sucre d'Amour, avait appris la rentrée triomphale à Baghdad, capitale des Mondes, du Khalife Haroun Al-Raschid. Il revenait ainsi après une absence de deux années, à la tête des armées de l'Islam.

■lle pénétra donc, de bon matin, dans la chambre de sa fille, pour lui annoncer la grande nouvelle, et pour l'aider à revêtir ses vêtements de fête.

■t, comme tous les matins, elle embrassa cette fille chérie avec tendresse et effusion, et la salua par les salams du bonheur et les souhaits de la sauvegarde, lui disant :

"Que ta vie, ô noyau du cœur, soit en blancheur et délices ! Que tes jours s'écoulent dans les vallées de l'ivresse, au milieu des parterres de safran, aux bords des îles du rêve et de l'enchantement".

■t Sucre d'Amour prit la main de sa mère et la baisa. Et elle voulut répondre à son salut et à ses souhaits, mais, soudain, elle éclata en sanglots et cacha sa tête dans le sein de sa mère.

■ la vue de ce chagrin si violent de sa fille Sucre d'Amour, Omm El-Hôl fut à la limite de la stupeur et de l'émoi, et vit le monde noircir devant son visage. Et elle regarda la dolente jouvencelle et s'écria :

"Que mon âme, ô mon agneau, serve de rançon à ton âme ! Voici que tu fais grésiller d'inquiétude les lobes de mon foie, et se refermer les éventails de mon cœur. Tu vas te faner comme un bouton de fleur au simoun du chagrin, et poser sur ma

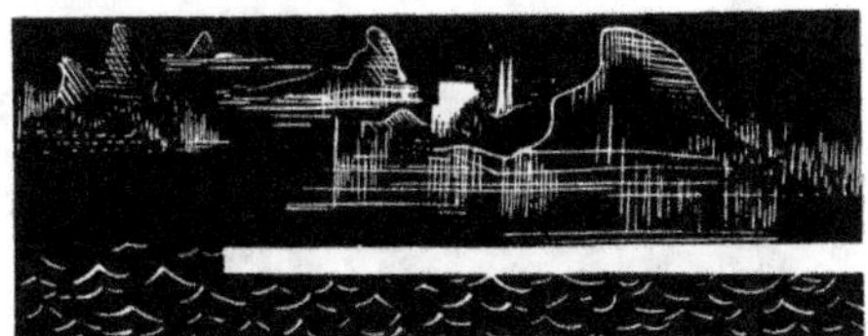

poitrine une montagne de soucis. Par ma vie sur
toi, ô Sucre d'Amour, par ta tête précieuse et par
le souffle de tes charmantes narines, ne cache rien
à celle qui t'a nourrie de son lait."

Mais la sanglotante enfant ne put articuler une
parole, et les larmes de ses yeux exprimaient
seules sa douleur. Et sa mère, séchant les larmes
sur ce beau visage, lui dit : "Je te supplie, ô mon
enfant ! Je prends ta main, je la presse contre
mes yeux. Parle, sans plus tarder. Que je puisse,
devant ta vie, fermer la porte de la tristesse et de
la peine."

Et Sucre d'Amour releva un peu sa charmante
tête. Mais c'est à peine si, entre les soupirs, elle
eut la force de murmurer ces mots : "O ma mère,
ma mère !"

Et Omm El-Hôl lui dit :

"O souffle et âme de ta mère ! Oui, achève !"

Et Sucre d'Amour dit :

"O ma mère, mon cœur a glissé de ma main,
l'oiseau de mon intelligence menace de me quit-
ter, et je n'ai plus de nouvelles de mon corps. Ah !
que l'on agite désormais autour de moi le mouchoir du deuil et les voiles de l'affliction."

Mais elle ne put en dire davantage, suffoquée à
nouveau par les sanglots.

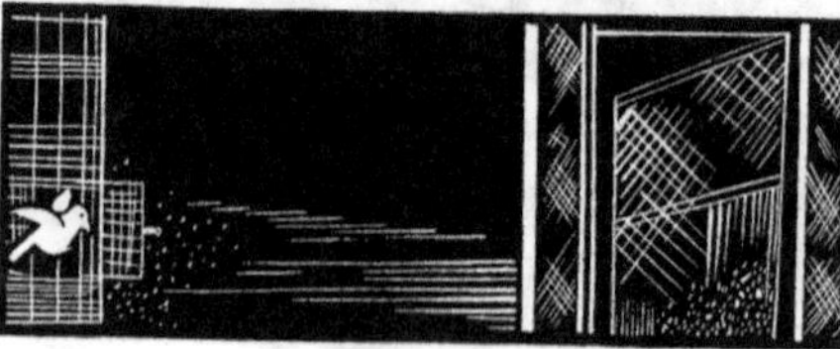

15

Alors, Omm El-Hôl, que ces paroles avaient
émue à l'extrême, s'écria :
"Le nom d'Allah sur toi et autour de toi ! Que
me dis-tu là, ô ma gazelle ? La sauvegarde sur
ton cœur, sur l'oiseau de ton intelligence et sur ton
corps précieux ! Je t'implore ! Vite, éclaire-moi. "
Lors, Sucre d'Amour voyant tant d'inquiétude
dans l'esprit de sa mère, parvint à dominer son
émotion, et dit :
"Que te dirais-je, ô ma mère ? Aïe, aïe sur Sucre
d'Amour, et mille fois aïe sur cette pauvre !
Où est Sucre d'Amour ? Qu'est devenue Sucre
d'Amour ? Rien que bitume et goudron sur l'âme
de Sucre d'Amour ! Voici qu'aujourd'hui son
cœur est une fragile porcelaine, tombée de la terrasse sur les cailloux. Son âme est habillée d'un
crépuscule d'automne, et son sein est déchiré par
l'ongle de la douleur. Et la voici elle-même sur le
sommet du Caucase des peines. "
En entendant ces paroles de désespoir de sa fille
Sucre d'Amour, elle s'écria : "Éloigné soit le mal,
fils du mal ! O paroles qui rétrécissent ma poitrine ! Quel est ce deuil sur la demeure, et quelle
calamité ! Ne vois-tu pas, ô lumière de l'œil, que
tu va faire évanouir ta mère d'inquiétude ? Parle,
je t'en adjure, parle, par les Noms Sacrés de la

Mère de Moïse !"

Alors Sucre d'Amour dit : "Que mes paroles, ô
Mère, s'unissent donc à ton esprit comme le sucre
au lait." Et, un instant, elle garda le silence, pour
concentrer ses forces vives, puis, les yeux comme
perdus dans un océan d'extase, elle dit en un sou-
pir : "Depuis hier, ô ma mère, le cœur de Sucre
d'Amour est le prisonnier des boucles d'un adolescent". Puis elle se tut, tête baissée, avec son
cœur, et avec tout le trouble de son cœur.

Et Omm El-Hôl, qui tenait entre ses deux paumes la main de Sucre d'Amour, fut jetée dans une
grande perplexité par ces paroles si nouvelles de
sa fille. Et, sans pouvoir répondre, elle enfonça sa
tête dans le cabas de la réflexion, et resta dans
cet état pendant quelques instants. Puis elle prononça : "Je me réfugie en Allah contre le visible
et contre l'invisible ! Il n'y a de recours et de sauvegarde que dans l'Exalté, le Très-Haut". Et elle
se pencha sur sa fille et la baisa sur le front, et lui
dit : "Il n'y a pas d'inconvénient."

Mais, comme son émotion était aussi intense que
celle de Sucre d'Amour, elle prit un gobelet d'eau
de fleurs sucrée, en but une gorgée et en offrit
à sa fille. Ensuite, elle dit :
"Certes, ô prunelle de ta mère, l'amour est, de sa

17

nature, plus subtil que le musc. Il ne peut rester longtemps ignoré. Et dans une affaire d'amour, les avis sont sans vertu. Et il n'est point de drogue qui ait quelque prise sur les malades du sentiment. Car le seul remède de l'amour, c'est l'amour.

Et Omm El-Hôl but encore une gorgée au gobelet, et dit à Sucre d'Amour : "Sais-tu, du moins, ô grain de mon cœur, le nom de ce bienheureux adolescent ?"

Elle dit : " Point ! point ! "

Elle demanda : "Mais peux-tu, faute de me dire son nom, me dépeindre en quelques points, ce privilégié entre les adolescents ? "

Elle répondit : " La chose est difficile, car je ne l'ai approché et il ne m'a vue qu'un très court espace de temps. "

Elle dit : " Assurément ! Toutefois, ô mon enfant, si ton cœur est dans un tel émoi, c'est que l'amour aujourd'hui est entré en toi par les yeux. Dépeins-moi donc, en tous points, afin que je sache quelle peut bien être cette affaire, ce que tes beaux yeux ont vu. Simplement ! "

Et Sucre d'Amour répondit : "Cela, ô ma mère, est une chose plus aisée. J'écoute et j'obéis."

Puis elle prit, elle aussi, une petite gorgée au gobelet, soupira une fois par soupirs et dit :

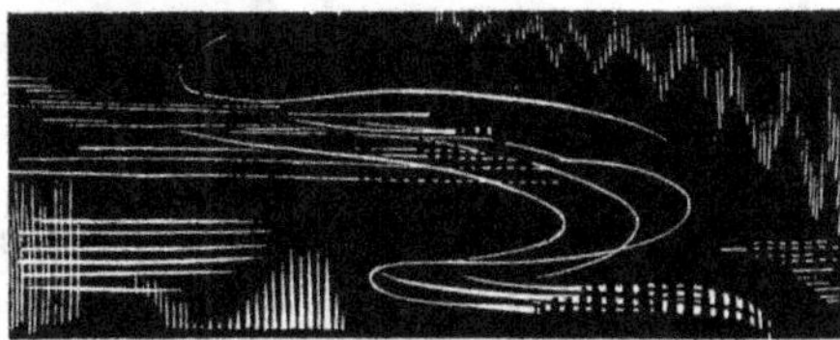

"L'adolescent dont j'ai mis l'anneau à mon oreille est plus séduisant que l'amant de Suleika, et plus aimable que Ferhad, l'amoureux de Schirine. Son aspect fut un enchantement pour mes yeux, et sa présence un baume répandu. C'est pourquoi, ô ma mère, de crainte que mes paroles ne trahissent, par leur insuffisance, sa souveraine beauté, je ne puis mieux faire que de te citer ce qu'a dit le Poète, quand il a dépeint ce miraculeux adolescent. Ecoute donc, ô ma mère :

"*Joyau de l'écrin de l'excellence, son visage est scellé du sceau de la Beauté.*

"*Dès qu'il paraît, les ombres du cœur se dissipent, comme les phantasmes de la nuit se dissipent devant une lune de quatorze jours.*

"*Où sont les princes des Turcs et les jouvenceaux illustres des Roums ? Esclaves des boucles de sa chevelure.*

"*Car, devant le noir de ses cheveux calamistrés, le musc de Khoten lui-même s'évapore de jalousie.*

"*Sa taille souple est un balancement du rameau de l'arbre Bân.*

"*Son front fait honte au croissant de la nouvelle lune, dont il barbouille de bleu le visage*

19

« Deux fleurs de narcisse ne peuvent tenir devant le doux éclat de ses yeux.

« L'arc de ses sourcils est un sabre entre les mains d'un guerrier ivre, et des dards recourbés sont les cils de ses paupières.

« Ses oreilles sont deux mines de gentillesse. Et ses deux joues sont, comme dans le Kôran, le Verset de la Beauté.

« Sa petite bouche, taillée dans le rubis, est pareille au sceau de Salomon. Et sa langue fait oublier la canne à sucre.

« Son nez est une azerolle de Syrie. Et rien n'est plus souverain contre le mauvais œil que le grain de beauté de son menton.

« Sa poitrine sous sa chemise entr'ouverte, est plus lisse qu'une table de cristal.

« Son gosier, plus harmonieux que le gosier de David, est investi d'une voix au timbre émouvant.

« Et lui-même, de n'avoir jamais fréquenté que les roses, il est devenu la plus odorante de ces roses.

« Son teint d'une fraîcheur exquise prouve que sa nourriture fut toujours de pâtes d'amandes, de figues, et de becs-figues.

« Verdoyant de santé, verdoyant de jeunesse, svelte et droit comme un jeune cyprès.

*"▨evant sa beauté souveraine, jouven-
ceaux et jouvencelles sont balayés par un tor-
rent.*

*"▨t pour trouver le frère de cet adoles-
cent, il faudrait voguer jusqu'aux Échelles de
l'Encens!"*

▨t, ayant ainsi parlé, Sucre d'Amour baissa les
yeux, à la limite de l'émotion, et ajouta : "Et tel
est, ô ma mère, le portrait, trait pour trait, de cet
adolescent parfait."

▨t Omm El-Hôl s'écria : "Mais, ô ma fille Sucre
d'Amour ! Si tu ne connais pas son nom, moi je le
connais. C'est Grain de Musc ! Oui, par ta vie !
c'est le beau Grain de Musc, fils de notre riche
voisin Si Mahmoud, le schahbandar des marchands de Baghdad". Et elle ajouta : "Et par
Allah ! il n'y a pas d'inconvénient".

▨t elle prit sa fille et la caressa et l'embrassa.
Puis elle lui dit :
"Mais toi, ô rose du jardin de la perfection, rafraîchis tes yeux et calme l'esprit de ton cœur.
Inschallah, il n'arrivera que le bien. L'amour est
venu en visite, la bienvenue sur l'amour ! Et ceux
là seuls qui aiment comme toi, connaissent ce charme d'être consumés".

▨uis Omm El-Hôl demanda à Sucre d'Amour :

“Et que lui as-tu dit, par la parole, au beau Grain
de Musc ? ”
Elle répondit :
“En vérité, je n'ai guère eu le temps de dire un
mot par la parole ! ”
Et Omm El-Hôl dit :
“Certes ! vous avez, tous les deux excellé ! Et tout
cela est conforme à ce que dit le poète :

 “Les réponses les plus éloquentes sont
celles que font les yeux des amoureux.
 “Les demandes les plus pressantes sont
celles que font les sourcils des amoureux.
 “Les blessures les plus mortelles sont
celles que font les cils des amoureux.
 “Et la musique la plus suave est celle des
baisers des amoureux.”

Puis Omm El-Hôl dit à sa fille Sucre d'Amour :
“Certes, l'Amour est la vie du cœur. Et certes l'on
n'est pas du nombre des vivants sans cette vie du
cœur. Mais lui, Grain de Musc, a-t-il, du moins, à
défaut de langage parlé, expliqué ses intentions
par le langage muet des amants ? ”
Elle répondit : “Hélas ! Hélas ! ô ma mère. Plût
à Allah que Grain de Musc ne m'ait rien expliqué

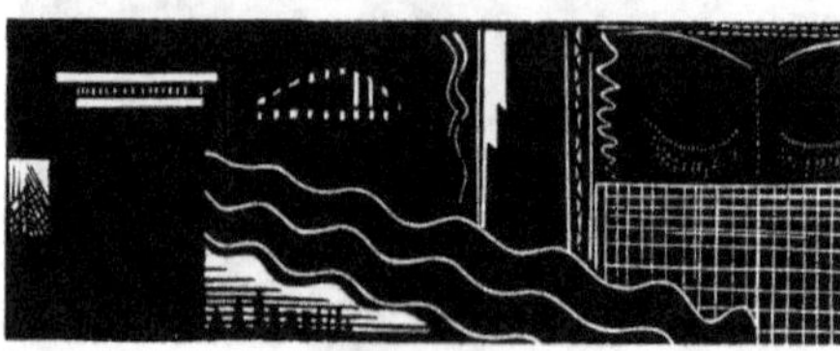

du tout. Car, ô ma calamité ! si je l'ai bien compris,
mon cœur devra désormais s'habituer à l'amertume de l'absence. Car Grain de Musc m'a fait entendre que notre réunion n'est pas écrite, pour le
moment, dans le décret du Destin ".

■mm El-Hôl demanda :
"Et le motif, ô mon agneau, de cette séparation,
quand les cœurs sont liés et que les âmes sont
unies ? "

■lle dit : "Et que peuvent les cœurs contre les
rigueurs du Sort ? Et comment l'humain pour-
rait-il lutter contre l'écriture de son destin ? Sache,
en effet, ô ma mère, puisque tu me révèles que
Grain de Musc est le fils du schahbandar des
marchands, que son père lui a signifié sa volonté
de lui donner, comme épouse, la jeune Fahima,
fille de Fléau-des-Souks, Préfet de police de
Baghdad. Aussi tu peux juger maintenant de mon
deuil de cœur devant le dur destin. Ah ! tu vois
dans quel moulin de complications vient d'entrer
cette infortunée Sucre d'Amour. Et tel est le motif, ô ma mère, de mes larmes et de mes sanglots.
Et c'est pourquoi mon chagrin est un très grand
chagrin ".

■ais Omm El-Hôl se redressa soudain et dit à sa
fille Sucre d'Amour :

"▇e crains, ne crains pas, ô prunelle des yeux de
ta mère ! N'attriste plus ton ravissant visage.
Éloigné soit le Lapidable Eblis, le Cheïtân, le
Malin ! Ces deux calebasses vides, Fléau-des-
Souks et Si Mahmoud, ont fait leurs comptes sans
Omm El-Hôl. De là l'erreur de ces deux pendards.
Or, moi, je le jure par la Face Sublime ! je vais de
ce pas préparer un coup d'éclat pour forcer le
Destin à tourner de notre côté la blancheur de sa
face. Et, en même temps que j'assurerai de la sorte, ton bonheur avec Grain de Musc, j'attirerai sur
nous l'attention de l'Émir des Croyants qui a tout
à fait oublié la veuve et la fille de son défunt serviteur. Fie-toi donc à ta mère dans cette affaire, ô
Sucre d'Amour. Et tu seras bientôt, inschallah ! à
la limite de la dilatation et de l'épanouissement".
▇t la jeune fille répondit :
"Qu'Allah blanchisse tous les jours ton beau visage,
ô ma Mère. Qui peut te résister ? Il hamdou lillah,
tout le monde sait, dans Baghdad, que si tu vou-
lais frapper du pied le sol, l'or en jaillirait. Quant
à ton ennemi, le Préfet de Police, certes, si tu t'es
effacée jusqu'à présent devant lui, ce n'est point
par respect pour lui, pas plus que lorsqu'on s'ef-
face, dans une ruelle, devant un baudet, ce n'est
un hommage que l'on rend au baudet. Mais il verra

maintenant ce qu'il verra ! Qu'Allah prolonge
ta vie de ce qui est diminué à tes ennemis, ô ma
mère ! "

t Omm El-Hôl sourit à sa fille, la regarda avec
tendresse et lui dit : " Que ma vie serve de rançon
à ta charmante tête, ô ma fille Sucre d'Amour.
Mais avant que d'entrer dans la forêt des loups,
qui est plus noire que l'esprit de l'ignorant, je vais
éprouver le titre de l'or de notre Destin, et faire
en sorte que la délectation des Anges soit écrite
dans le rouleau de ton union avec le beau Grain
de Musc ".

yant ainsi parlé, Omm El-Hôl aussitôt se dirigea vers la fenêtre grillagée où se balançait une
grande cage d'oiseau. Et dans cette cage, il y avait
un mâle de tourterelle. Et Omm El-Hôl ouvrit la
cage, prit le mâle de tourterelle et le mit dans l'é-
chancrure de sa robe, entre ses deux seins. Puis
elle alla vers un grand coffre, en marqueterie de
nacre et d'ivoire, en souleva le couvercle, et tira
de l'intérieur de ce coffre une très ancienne table
en bois d'ébène incrusté d'argent. Or c'était la

Grande Table du Sable Divinatoire. Et c'était
l'instrument de base de toute la Science Géomancique.

t elle prit cette table illustre, et elle prit, dans
une coupe, sept grains d'encens à odeur de rose et
sept larmes de benjoin. Et elle jeta, dans le grand
brûle-parfums ces résines de choix. Et dès que se
leva la fumée purifiante, elle passa dessus ses
mains et son visage, par sept fumigations. Puis,
par sept fois, elle enjamba lentement le brûle-parfums, en laissant la fumée rituelle pénétrer, sous
ses robes, jusqu'à sa profonde intimité.

près quoi elle alla s'asseoir aux côtés de sa fille,
et, tout en marmonnant des mots à résonnance
hébraïque, elle disposa avec soin devant elle, par
gestes mesurés, la Table du Sable Divinatoire. Et
elle marqua les points le long des neuf colonnes,
effaça trois lignes à gauche dans le carré, et groupa
les verticales deux par deux. Et, dans le milieu,
elle construisit, en un plan conçu selon la science
hermétique qu'elle détenait, un Talisman en forme
de cœur. Puis, brusquement elle étendit son bras

nu, au-dessus de la Table Géomancique, et, par
obsécration et formules, elle dit et proféra : 

"█ SABLE DE L'IMMORTALI-
TÉ! PAR TA SPLENDEUR ET
TON HABITANT,

"█AR LES QUATRE-VINGT
DIX-NEUF ATTRIBUTS DE
LUI ET SES VERTUS SECRÈ-
TES,

"█AR LES DIX-NEUF LET-
TRES MAJEURES DU BISMIL-
LAH, IMPÉNÉTRABLES AR-
MURES,

"█AR LES SEPT DORMANTS
DE L'ANTIQUE CAVERNE,
QUI DORMIRENT DEUX
CENTS ANS DANS LA CA-
VERNE, AVEC LE BON CHIEN
KITMIR LEUR COMPAGNON,

"█AR LES MÉRITES INSI-

GNES DE CES DORMANTS
DONT J'ÉPÈLE LES NOMS :
IAMLIKHA, MAKHSILMA,
MARTANOUS, DABARNOUS,
SABARNOUS, MESSILYA, ET
KASTATOUS, — LES DOR-
MANTS !

"PAR LES DEUX TRIANGLES
PÉNÉTRANTS ET PAR LE
NOM PERDU INSCRIT DANS
LEUR CENTRE, YA HOUA ! YA
HOU !

"PAR MONKIR ET NAKIR,
LES DEUX NOIRS, COMPA-
GNONS DE LA MASSUE, LES
DÉLIEURS DE LA LANGUE
MORTE,

"ET PAR LES DEUX BLANCS
HAROUT ET MAROUT, AN-

GES TROP HUMAINS, TROP
HUMAINS ! 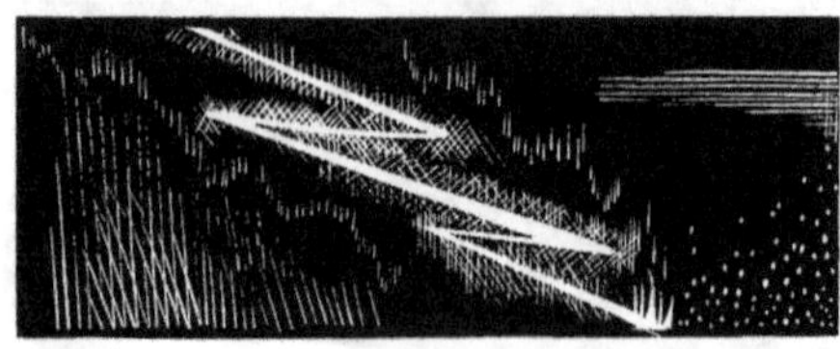

"AR LES CINQ AMIS DU
MANTEAU, LES ROSES DE
L'EXCELLENCE, QUI NE FOR-
MENT QU'UNE SEULE ROSE
EN DILATATION DES POITRI-
NES,

"AR LE POSSESSEUR DE
DOULFICAR, L'IMAM DES
IMAMS, LE POLE DES POLES,
ÉCLAIR AVEUGLANT

"AR LE GRAND PHYLAC-
TÈRE HIRZ, DONT LA TE-
NEUR, SI ELLE ÉTAIT DIVUL-
GUÉE PAR LE GOSIER, ROM-
PRAIT LE GOSIER,

"AR LES CINQ ABRAXAS
DES CONSTELLATIONS, LES

PREMIÈRES LETTRES DE
L'ARCANE, TALISMAN MA-
JEUR : TAH, SIN, MIM, FA ET
KAF ! 
"ET PAR CELUI QUI T'HABI-
TE, O SABLE, PAR L'ESPRIT
QUI SE PLAIT EN TON IN-
CORRUPTIBLE CŒUR, O SA-
BLE ! DÉLIVRE-NOUS, DÉLI-
VRE-NOUS ! AOUZ BILLAH !
IA SATER ! IA SALAM !
"QUANT A CELUI QUI NOUS
OPPRIME, CONNU OU CACHÉ,
QU'IL SOIT, PAR LA CIRE ET
PAR L'AIGUILLE, ENVOUTÉ !
U'IL
SOIT FRUSTRÉ DE TOUT ET DE LA VIE !
"AOUZ BILLAH ! IA SATER ! IA SALAM !"
Et lorsqu'elle eut proféré cette conjuration, Omm
El-Hôl se pencha sur le Sable, et poussa le cri
strident de la joie, et dit : "Regarde, ô Sucre d'A-

mour. La pierre de touche du sort révèle la pureté de notre or. Et les points conjoints du Sable divinatoire annoncent le triomphe et la victoire".

■ors, sans plus tarder, elle sortit de son sein le mâle de tourterelle, et prit un peu de musc et de safran, et lui en saupoudra la tête. Et, d'une voix comminatoire, elle dit et ordonna :

"■E MÊME QUE CE MALE DE TOURTE-RELLE SOUPIRE APRÈS SA COMPAGNE ET LA DÉSIRE

"■UE DE MÊME, A TOUJOURS, A JAMAIS, L'ADOLESCENT GRAIN DE MUSC NE SOU-PIRE QU'APRÈS SUCRE D'AMOUR, FILLE D'OMM EL-HOL, QU'IL NE DÉSIRE RIEN D'AUTRE, PERSONNE D'AUTRE QUE SU-CRE D'AMOUR !

"■UE LE CŒUR DU BEAU GRAIN DE MUSC SORTE DE LA POSSESSION DE GRAIN DE MUSC, COMME CE MALE DE TOURTE-RELLE VA SORTIR DE MA MAIN ET DE MON POUVOIR, POUR S'ENVOLER VERS SON SEUL DÉSIR ET SA SEULE PASSION !

"■UE LA SOIF D'AMOUR DE GRAIN DE MUSC JAMAIS NE S'APAISE AUPRÈS D'UNE AUTRE EN DEHORS DE SUCRE D'AMOUR !

"■UE LES HORIZONS NE LAISSENT POINT

33

HÉSITER L'AMOUR DE GRAIN DE MUSC
DEVANT AUCUNE DIRECTION, DANS LE
DÉSIR DU VISAGE ADORABLE DE SUCRE
D'AMOUR !

"▉UE CE CHARME DES CHARMES, FAIT
AU NOM ENSORCELEUR DE SUCRE D'A-
MOUR, AGISSE TOUTE LA VIE, EN TOUTES
CHOSES, SUR GRAIN DE MUSC.

"▉U'AMOUREUX, SOUMIS, AFFOLE, NE
MANGEANT PLUS, NE DORMANT PLUS,
DANS SON DÉSIR FRÉNÉTIQUE DU VISA-
GE CHARMANT DE SUCRE D'AMOUR,
FILLE D'OMM EL-HOL, IL INVOQUE SANS
CESSE, LA BÉNÉFICIAIRE DE CE CHARME,
SUCRE D'AMOUR,

"▉E DÉSIRANT, HORS D'ELLE, AUCUNE
AUTRE, NI VIERGE, NI FEMME, PENDANT
TOUTE LA LONGUE DURÉE DE SA VIE !

"▉T QUE LA MAIN DE SUCRE D'AMOUR
SOIT À JAMAIS AU-DESSUS DE LA MAIN
DE GRAIN DE MUSC, ET SA VOLONTÉ AU-
DESSUS DE L'AUTRE VOLONTÉ, ET SA PA-
ROLE AU-DESSUS DE L'AUTRE PAROLE !

"▉H ! PAR LE DIVISEUR DE LA VERGE !
PAR LE RETOURNEUR DU SANG ! PAR LE
FÉCONDATEUR DES FLANCS ! PAR LE

PULVÉRISATEUR DES MONTAGNES ! PAR
LE MAITRE DE L'OBSCURITÉ ! PAR LE
SOUVERAIN DU LUMINAIRE ! PAR LE SE-
COUEUR DES MONDES ! PAR LE DÉCAPI-
TEUR DES SOMMETS !

"H ! QUE TOUT CELA VIENNE VITE ! VI-
TE ! TOT ! TOT ! INSCHALLAH ! MASCHAL-
LAH ! IL HAMDOU LILLAH !

"T TOUT CELA DE LA PART DE LA MAI-
TRESSE QUI S'EXPRIME PAR SA VOIX, DE
L'ESCLAVE DU GRAND DÉCAN ET DU
DIEU OMNISCIENT ET OMNIPOTENT,
OMM EL-HOL, ÉPOUSE DU DÉFUNT LE
HADJ MANSSOUR, ET POUR LE BÉNÉFICE
DE LEUR FILLE, LA DOUCE ADOLESCEN-
TE SUCRE D'AMOUR !

"A AKRAM, IA KARIM !

"A AKBAR, IA KABIR !"

t lorsque Omm El-Hôl eut ainsi énoncé les effi-
cientes formules, elle agita une dernière fois, d'une
certaine manière, la Table Géomancique, et regarda le résultat attentivement. Puis elle se leva
en toute hâte, et se dirigea à nouveau vers la fenêtre. Là, elle caressa le mâle de tourterelle qu'elle
tenait entre ses doigts, lui tapota doucement la tête,
avec le bâtonnet du Sable, par sept petites tapes,

et souffla sur lui, en disant : "Khalass ! c'est fini !"
Et elle le lança dans l'espace vers son désir et sa
tourterelle.
Alors elle revint vers sa fille et lui dit : "Tu le
sais, ô ma chérie, que chacun porte sa Destinée
attachée à son cou. Or la tienne, je viens de voir
qu'elle est comme le lait et le jasmin. Et tu peux
désormais livrer ton âme à la certitude, et passer
tes heures dans la sécurité. Quant à moi, je vais
aller, sans retard, accomplir, dans ton bien, ce que
je dois accomplir, et préparer les voies pour ton
destin ".
Et elle embrassa une dernière fois sa fille, qui lui
baisa la main, et lui souhaita le succès, disant :
"La réussite, ô mère, la réussite ! Et vers la fille,
reviens bien vite !" Et Omm El-Hôl répondit :
"La bénédiction et la sauvegarde sur toi, ô ma
fille !"
Et elle referma la porte de la chambre sur Sucre
d'Amour et s'en alla vers ses voies, tandis que la
jouvencelle, sentant sa poitrine se dilater d'aise et
de contentement, fredonnait à mi-voix, sur le
rythme ramel mineur, le refrain familier du Jeune
Couple des Ramiers d'Amour :

    " *Ô jeune couple de ramiers d'amour, ah !*
    " *Ô jeune couple de ramiers d'amour !*

" ourrissons du sésame de nos cœurs !
" lumage chatoyant et robe verte !
" jeune couple de ramiers d'amour, ah !"
t voilà pour ce qui est de l'adolescente Sucre
d'Amour, fille d'Omm El-Hôl et d'El-Hadj Manssour.
ais pour ce qui est d'Omm El-Hôl et de ce
qu'elle fit voici :
ès qu'elle eût quitté sa fille, Omm El-Hôl se
hâta de se déguiser, dans le vestibule, en une
vieille cheikha, à l'aspect macéré dans la dévo-
tion. Elle passa, par dessus ses vêtements, une
vieille défroque de santon, s'entoura le cou d'un
immense chapelet, et s'attacha une gargoulette
pleine d'eau à la ceinture. Puis elle sortit lentement
de sa maison, en s'appuyant sur son bâton de chei-
kha-santon, et en invoquant Allah par ses attributs :
" CONNAISSEUR DES CŒURS ! O DOMI-
NATEUR ! O INDULGENT ! O COMPLAI-
SANT ! O RESTAURATEUR ! O JUSTICIER !
DISPENSATEUR ! O TOI QUI EXAUCES !
NOURRICIER !..."
t, psalmodiant de la sorte, elle se dirigea délibérément du côté de la riche demeure, ornée d'ar-
ceaux dorés et d'encorbellements, de Si Mahmoud,
le schahbandar des marchands de Baghdad, père

du beau Grain de Musc. Or, de loin, elle aperçut, étendu et sommeillant, sur la mastaba en marbre ajouré du seuil, son ami le portier nègre Kafour. Et Kafour vit également cette sainte cheikha qui s'approchait, et il était loin de se douter que c'était Omm El-Hôl, sa voisine. Et, comme il était un pieux et fervent musulman, il secoua vivement sa paresse et se leva debout sur ses deux pieds. Et lorsque la sainte fut proche de lui, il s'inclina profondément et la salua avec le plus religieux respect, en portant sa main droite d'abord à ses pieds, puis à ses lèvres et enfin à son front, et il lui dit : "Le salam sur toi, ô ma tante, la sainte, et sur ton visage de bon augure !" Et Omm El-Hôl répondit : "Et sur toi le salam et les dons les plus choisis, ô noir au dehors et si blanc au dedans. Et que ta journée soit brillante et parfumée à l'égal de ton nom de camphre, ô Kafour." Et le nègre dit : "Je vois que tu connais le nom de ton esclave, cet infime moucheron, ô walia d'Allah ! La bienvenue sur toi, aisance et cordialité ! Je baise la terre entre tes mains, pour que tu pénètres ma tête de l'effluve de ta bénédiction !" Et elle le bénit, en lui disant : "De tout cœur amical et en hommage dû ! Et voici même,

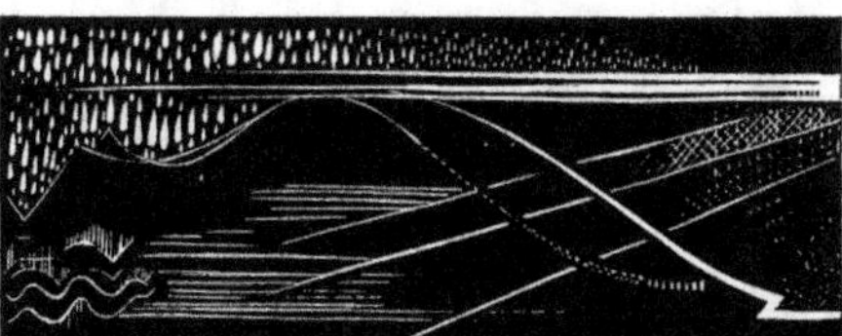

ô œil de huppe, pour en rafraîchir ton cœur, une gargoulette bénie, pleine de l'eau de la Mecque, de l'eau du puits sacré de Zemzem. Ne crains pas d'en boire à ta soif, et le Rétributeur, à nouveau, m'en pourvoiera."

t le nègre Kafour prit des mains d'Omm El-Hôl la gargoulette qu'elle lui tendait, et but à même le goulot, en disant : "Bismillah !" Et lorsqu'il eut étanché sa soif, il ne manqua pas d'ajouter : "Il hamdou lillah !"

ais voici qu'au moment où Kafour allait éloigner la gargoulette de ses lèvres, deux dinars d'or, comme par miracle, tombèrent dans sa bouche du goulot même de cette gargoulette. Et Kafour fut à la limite de l'émerveillement et ne douta pas un instant de la réalité du miracle par l'intermédiaire de cette sainte maraboute.

'est pourquoi, après avoir craché dans sa main les deux dinars d'or et les avoir essuyés à sa chemise, il voulut les restituer à celle dont l'intercession avait produit cet or, et il lui dit : "O ma tante, le résultat du miracle appartient à son auteur. Voici les deux dinars tombés dans ma bouche".

ais Omm El-Hôl lui répondit : "Garde ce qui est dans ta destinée, ô pauvre !" Puis baissant la voix, elle ajouta de plus près : "Toutefois, si tu

veux, ô Kafour, tu peux me rendre un service
pour le visage d'Allah". Il dit : "Sur ma tête et
mon œil. Je suis ta propriété et ta rançon, car me
voici devenu le sacrifié et l'affidé de ton front auréolé". Elle dit : "Je m'humilie devant le Seul
Auréolé de Sa gloire. Et loin de ma pensée ton
sacrifice, ô sublime Kafour. Mais l'affaire est fort
délicate, et réclame de ta part l'oreille de l'attention ".

Et Omm El-Hôl s'accroupit sur la mastaba en
marbre, et invita le nègre à prendre place à coté
d'elle. Et Kafour, après s'être modestement ex-
cusé, répondit par l'ouïe et l'obéissance, et s'assit,
repliant proprement ses pieds nus sous ses cuisses,
à côté d'Omm El-Hôl.

Alors Omm El-Hôl dit : "Sache, ô mon fils Kafour, que la guérison d'une plaie d'amour ne sau-
rait être faite en un jour, à moins qu'Allah lui-
même n'apporte le secours. Or une plaie vive de
cet ordre s'est déclarée chez une gazelle des alen-
tours. Et le cœur de cette gazelle vient de lui glis-
ser des mains, et c'est à toi, ô Kafour, que j'ai pensé
pour le recours. Et je puis te dire que le jeune
faon qui a blessé cette gazelle, est celui-là même
dont le poète a dit :

“Le bien-aimé que j'aime est un doux jouvenceau, ô nuit ! ô les yeux !

“Le bien-aimé que j'aime est la beauté même, ô nuit ! ô les yeux !

“Il a mis sur mon cœur un ineffaçable sceau, ô nuit ! ô les yeux !

“Car sa petite bouche est l'anémone, ô nuit ! ô les yeux !

“Et par un seul de ses regards langoureux, ô nuit ! ô les yeux !

“Il eût ensorcelé les rois de Babylone, ô nuit ! ô les yeux !

“Ses dents sont des grêlons et ses lèvres deux abeilles, ô nuit ! ô les yeux !

“Et la branche du saule à sa taille est pareille, ô nuit ! ô les yeux !

“Et de même que blanche est sa peau de jasmin, ô nuit ! ô les yeux !

“Et blanc son visage et blanche sa destinée, ô nuit ! ô les yeux !

“De même il rend comme le lait nos cœurs épanouis, ô nuit ! ô les yeux !

“Et c'est blanc sur blanc sur blanc, ô nuit ! ô les yeux !

Lorsque Omm El-Hôl eut fini de moduler ce poème, moitié chant et moitié récitation, le nègre

Kafour ne put contenir son exaltation, et jaillit
de sa place, comme si la main de l'Ange l'avait saisi
par le toupet du crâne et mis debout. Et il s'écria :
"Ia Allah ! Ia Allah ! O beauté sur ta langue bénie ! Encore, encore, ô gorge de rossignol ! ô nuit !
ô les yeux !"

Mais Omm El-Hôl le tira par la manche, le força
à s'asseoir et lui dit : "Calme ton émoi, ô Kafour,
car c'est le moment de l'attention. Apprête donc
l'esprit de tes oreilles. Et voici ce que j'attends de
toi et de ta sagacité".

Et elle se rapprocha encore davantage de lui, et
lui expliqua l'affaire, en lui disant : "Ce sera
comme ceci et comme cela, et ton rôle à toi con-
sistera en ceci et en cela, pendant que moi, de mon
côté, je vais faire ceci et cela." Et elle lui déve-
loppa, point par point, tout son plan d'action et
ce qu'elle comptait perpétrer, sans oublier un seul
détail. Mais il n'y a point d'utilité à le répéter.

Puis elle demanda : "As-tu compris, ô Kafour ?"
Il répondit : "Certes oui, ô ma maîtresse". Elle
demanda : "Te sens-tu capable d'affronter aussi
la colère de ton maître, Si Mahmoud, pour une
vieille maraboute comme moi ?" Il dit : "Ouïr
c'est obéir. Voici ton esclave prêt à remplir sa
mission, œil ouvert, oreille dressée". Et il prit la

main d'Omm El-Hôl et la baisa et la porta à son
front.

Alors la mère de Sucre d'Amour, satisfaite du résultat, et l'esprit en repos de ce côté, se leva aussitôt, posa sa main sur la tête crêpue du nègre et
lui dit : "Les deux dinars d'or auront une nom-
breuse postérité, en tous points semblable aux parents". Et elle le quitta, sans plus, et, claudicant
et psalmodiant, elle se hâta de traverser la grande
place.

Et voilà pour ce qui est du nègre Kafour.

Quant à Omm El-Hôl, elle ne s'arrêta sur la place
qu'à l'angle de la rue des Tisserands, devant une
boutique de teinturier, reconnaissable à ses grandes cuves de couleurs différentes qui émergeaient
à moitié du sol. Et chacune de ces cuves était
rayée, par larges raies, de la couleur de son contenu : la rouge par raies rouges, la verte par raies
vertes, l'indigo par raies indigo, et ainsi de suite
jusqu'à la septième. Et, sur le linteau de la devanture, une inscription portait en caractères cursifs
de couleur orange, l'invocation liminaire, et, en
dessous, mais en caractères Koufiques de couleur
écarlate, le nom du propriétaire de la boutique :

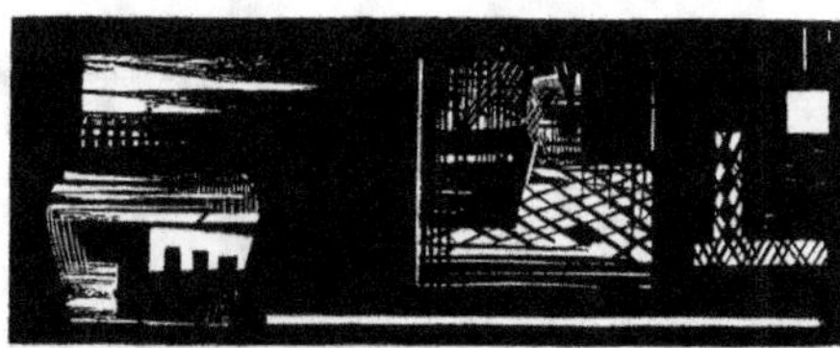

"L'ESCLAVE DU MAITRE DES COULEURS BAKBAK LE TEINTURIER"

Et à l'intérieur de la boutique, Omm El-Hôl aperçut Bakbak lui-même courbé sur une grande jarre,
et malaxant, avec un gros bâton, une étoffe dans
la couleur bleue. Et, malaxant ainsi, il chantait à
mi-voix :

> " *n vérité, c'est le jaune citron*
> " *ue préfèrent les négrillons.*
> " *ais c'est le rose mon favori*
> " *our le teint des houris".*

Et Omm El-Hôl écouta un instant la chanson du
teinturier Bakbak. Puis, pour attirer son attention,
elle fit résonner, par un petit coup de son bâton,
l'une des grandes cuves du seuil. Et comme le teinturier tournait la tête de son côté, elle lui dit : " Par
Allah ! ô maître des belles couleurs, est-ce ici une
teinturerie ou la cage merveilleuse de l'Oiseau
chanteur ?"

Et le teinturier, extrêmement flatté, s'arrêta de
malaxer et, le visage souriant, l'esprit amusé, répondit après salams et inclinaisons : "O ma tante
la maraboute, quelle teinte souhaite ton âme pour
tes robes bénies ? Toutes mes couleurs se réjouis-
sent de ta venue ".

45

lle dit : "O chef des savantes teintures et couronne des teinturiers ! Aujourd'hui, entre toi et
moi, il n'y aura point une affaire de couleurs ou de
teintures. Car ma visite chez toi est pour une affaire qui concerne ton bonheur intime".

l répondit : "Mon bonheur intime, ô ma maîtresse ? Par Allah ! il n'est que temps qu'il arrive,
le retardataire". Et il rit d'un grand rire, et ajouta :
"La bienvenue sur lui, la bienvenue !"

t Omm El-Hôl sourit et dit : "O mon maître
Bakbak, dis-moi ! Autant que je puis en juger, tu
dois être ou veuf ou divorcé, ou célibataire, mais
certainement pas en puissance de jouvencelle".

l répondit : "Célibataire, ouallahi ! célibataire.
Et, entre tes mains, me voici. Ordonne et j'obéis".

lle s'écria, comme scandalisée : "Célibataire ?
Je me réfugie en Allah, aouz billah ! Célibataire,
et pourquoi cela, ô Bakbak ? Oublies-tu donc la
parole de l'Envoyé, dans le Hadith très saint :
"Point de célibat dans l'Islam".

l dit : "Par la vie de ta tête, ô ma tante, certes ! je n'oublie pas la parole indubitable. Mais que
faire ? La jouvencelle que m'a octroyée mon Destin, n'a pas encore sans doute trouvé ma boutique. Car jamais elle n'a passé à la portée de mes
dents.

46

Elle reprit : "Bénis donc le Prophète, ô homme !
Elle arrive. Et je vais te la décrire, comme l'a dé-
crite le Poète quand il a dit :

"Elle est de celles aux grands yeux blancs
et noirs, soigneusement gardées dans les tentes.
"Sa chevelure est aussi noire que le départ de l'ami.
"Ses sourcils sont tracés par un peintre
de la Chine.
"Sa petite bouche est plus étroite que ma
patience.
"La salive de sa langue est un sorbet par-
fumé.
"Son cou souple, qui se balance, donne
le vertige.
"Son ombilic est une petite noix muscade
au milieu d'un plateau de crème.
"Et de même qu'est noir le grain de
beauté de sa commissure, et noires ses prunelles de nuit,
"De même sont noires mes larmes sur le
noir de mon cœur,
"Et c'est noir sur noir, et noir sur noir".
Et telle est, ô Bakbak, la jouvencelle écrite dans
ta Destinée. Et qu'Izraïl de la Mort me visite, si

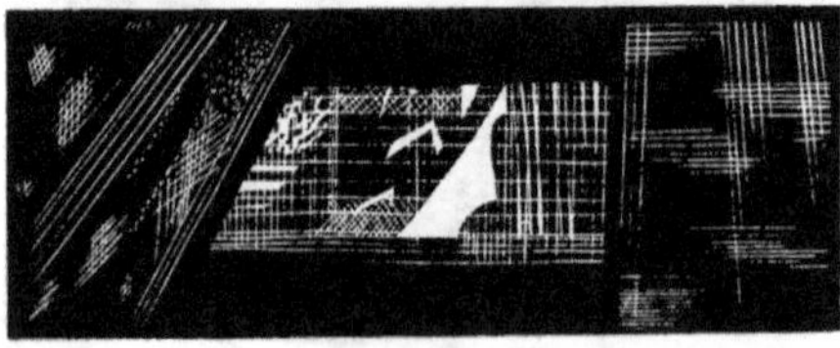

avant l'aurore, tu n'es pas en puissance d'elle".
t le teinturier s'écria, à la limite de la jubila-
tion : "Allah ! Allah ! L'amour en mon cœur est
entré par mes oreilles. Ce n'est point là sa coutume.
Mais les voies de l'amour ne sont connues que du
Guide de l'Amour. O maraboute de mes yeux, pour
cette fin souhaitable, que me faut-il faire afin de
me rendre digne de tes attentions ?"
lle dit : "Bénis d'abord le Prophète !" Il dit :
"Sur lui les bénédictions de choix et le salam !"
lors Omm El-Hôl dit : "Pour atteindre le but,
il ne faudra que le temps d'un clignement d'œil.
Quant à moi, qui ne suis point une marieuse, je ne
désire te faciliter les voies vers l'adolescente de
ton destin que pour le visage d'Allah et par respect et obéissance à la parole de l'Envoyé contre
le célibat".
t le teinturier dit : "O la plus bénie entre les
tantes et les maraboutes ! Toute ma boutique en
retour de ta sainte entremise, devient ta propre
boutique, contenant et contenu".
lle dit : "Tu excelles dans la générosité, ô Bakbak. Mais, dis-moi, connais-tu le nègre Kafour ?"
Il répondit : "Ah ! le visage de poix et de goudron. Si je le connais ? Mais c'est le chien hargneux
du seuil du schahbandar des marchands"

48

lle dit : " Lui-même, avec son propre œil. Mais n'es-tu pas en termes de courtoisie avec lui ? " Il s'écria : " De courtoisie ? Ah ! le fils des mille cornards de l'impudicité ! Je ne le comparerai même pas aux ânes, car ce serait calomnier les ânes. C'est un veau, fils de veau, et je crache sur la race des veaux. En termes de courtoisie, ô ma tante ? Le proxénète connaît-il seulement ce qu'est la courtoisie, ou sa couleur ou son odeur ? Je me réfugie en Allah contre la puanteur de ses aisselles ".

t Omm El-Hôl reprit : " O maître Bakbak, quoique tu en aies, Kafour est, à mes yeux, bien que nègre noir, infiniment plus blanc que noir en son dedans. Mais je ne sais point ce qu'il y a entre vous deux. Ce que je sais bien c'est que tu n'auras qu'à te présenter à lui de ma part, et tu verras, aussitôt, en lui, le changement. Il se lèvera en ton honneur et t'embrassera comme le frère embrasse son frère. Hâte-toi donc d'aller à lui, et dis-lui : " O mon frère Kafour, la cheikha Une telle, m'envoie vers toi pour te transmettre son salam et te dire : " O mon fils Kafour, je t'envoie notre ami Bakbak, le maître des couleurs, ton voisin. Il vient pour ce que je t'ai dit et que tu sais bien. Moi je ne tarderai pas à être de retour. Mais, toi, à ton tour,

prouve maintenant au grand jour que tu es un
amour de nègre et un nègre d'amour."

t Bakbak répondit : "Sur ma tête et mes yeux.
Je prends à l'instant ma robe entre mes dents et,
rapide comme l'étalon buveur de vent, je vole
dans mes jambes prestement, dévorant sous mes
pas la distance et le temps, et ne m'arrêtant, sans
le moindre détour, que chez ce pandour des
pandours".

t Omm El-Hôl dit : "O Bakbak, que le Réjouis-
seur des cœurs réjouisse ton cœur comme tu ré-
jouis mon cœur. Tu vas voir, chez Kafour, ce que
tu vas voir. Moi, pendant ton absence, je ne bou-
gerai pas d'ici, afin de garder ta boutique. Hâte-toi
donc de tourner ton dos et de nous montrer la
largeur de tes épaules ".

t le teinturier comprit qu'il fallait déguerpir
sans retard, et répondit par l'ouïe et l'obéissance.
Il se hâta donc de se nettoyer les mains, le mieux
qu'il pût, de la teinture qui les colorait, et, après
les salams à la cheikha, il s'empressa de sortir de
sa boutique. Et il se dirigea directement vers la
maison du portier Kafour, pour voir comment
allait se résoudre l'affaire de son destin.

t voilà pour lui.

uant à Omm El-Hôl, qui était assise à l'inté-

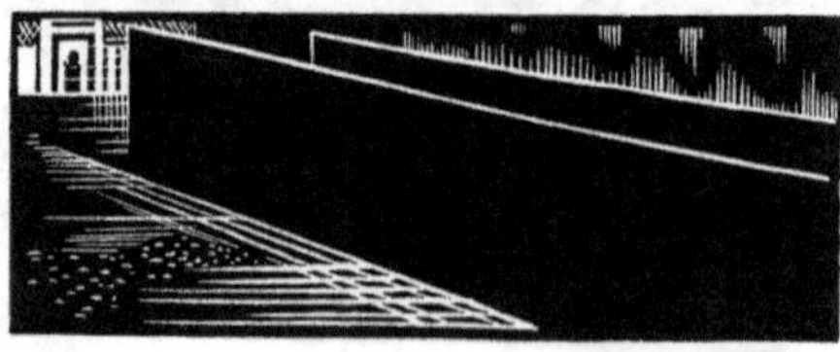

rieur de la teinturerie, comme elle se réjouissait,
en son intérieur, de la tournure que prenait l'affaire combinée, par ses soins, elle vit arriver de
loin, dans un nuage de poussière, un ânier porteur
d'eau, qui s'en venait derrière son âne, en chantant.
Or c'était l'ânier El-Kouz, qu'elle connaissait depuis longtemps, et qui nourrissait à son égard des
sentiments d'amertume. Et elle se dit : "Hé là !
attention, ma fille. Voici l'oiseau qui vient de lui-
même dans tes filets. Et tu n'as qu'à étendre le
beurre au fond de la poële à frire".
Or, l'ânier El-Kouz continuait à se rapprocher, et
chantait à tue-tête sa chanson d'ânier :

"*Depuis la porte de Zobéïda, jusqu'au
pont de Baghdad,*

"*J'ai couru tout le long du jour*

"*Oh ! mon âne, mon âne ! tu n'as pas l'air
fort content.*

"*Tu as quatre jambes pourtant, et moi je
n'en ai que deux,*

"*Et voici que je trotte bien mieux que toi*".

Et, chantant ainsi, l'ânier El-Kouz arriva en face
de la boutique, et fit tinter, en les entre-choquant,
ses gobelets de cuivre, puis il jeta son cri chanté
de marchand d'eau :

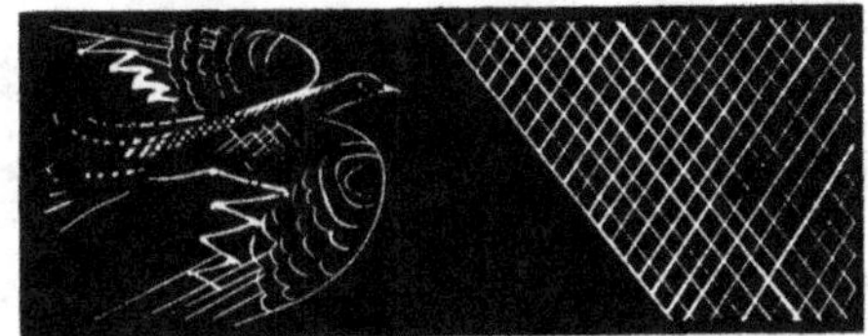

*"■ altérés, voilà la pure ! ô altérés, voilà
la fraîche.*

*"■ oilà la claire entre les eaux, ô gosiers
empoussiérés.*

*"■ oilà la source de Salsabil, plus bénie
que l'eau du Nil,*

*"■ 'eau de vie, l'œil du coq, le délice, mon
eau, ô gens, mon eau !*

Mais, voyant la vénérable cheikha, assise au milieu de la boutique, à la place de son client Bakbak, l'ânier s'arrêta soudain dans son chant, et
s'excusa vivement, en ajoutant : "Permets à ton
esclave d'approcher un frais gobelet de Salsabil
de tes lèvres bénies, ô ma tante la sainte." Elle
répondit : "Qu'allah augmente ton bien, mais je
jeûne aujourd'hui". Il demanda : "Peux-tu au
moins me dire, ô ma maîtresse, où est mon client,
le maître Bakbak ?" Elle répondit : "Le pauvre,
qu'Allah le réconforte et l'enrichisse ! Il est en faillite". Il interrogea : "Bakbak en faillite ? Et d'où
cette calamité ?" Elle répondit : "Le sais-je ?
Mais dans quelques instants, tout ce qui se trouve
dans la boutique va être saisi par les gardes du
syndic et vendu à l'encan".

Et l'ânier s'écria : "Je me réfugie en Allah ! Et

je mords mes mains avec les dents de la peine et
de l'étonnement. L'honnête Bakbak était pour moi
le plus excellent des clients. Et justement, je venais le voir pour qu'il teignît pour moi, en couleur
azur, et la fit vite sécher au four, cette toute neuve
gallabia que je lui apporte sous mon bras. Car moi
et mon âne nous sommes invités à la fête de Circoncision que donne le tailleur Schakalik pour la
circoncision de son fils et de sa fille, chez lui, dans
l'impasse de la Rue Rouge. Et, du reste, tout le
quartier est comme moi, invité, les riches comme
les pauvres. Et ma calamité va être une grande
calamité de ne pouvoir assister à cette fête-allé-
gresse, faute d'une gallabia propre à me mettre
sur le dos ".

Et Omm El-Hôl répondit à l'ânier, d'un ton péné-
tré : " Ne te préoccupe pas de la gallabia, ô ânier
de bonne volonté, Allah pourvoiera, aies-en la
certitude ". Puis elle ajouta : " Mais, pour le moment, tu es pour moi, et pour le bien de ton client
Bakbak, une aubaine bénie. Car c'est toi qu'Allah
envoie pour empêcher les gens du Syndic et les
gardes du Préfet de Police Fléau-des-Souks, de
disperser aux quatre vents de l'encan les biens de
notre ami. C'est pourquoi la meilleure solution serait de tout détruire dans la boutique, sans rien

54

laisser subsister qui pût être emporté ou utilisé."
Et l'ânier dit : "Il n'y a pas d'inconvénient ! Mais
Bakbak lui-même qu'est-il devenu ?" Elle répondit : "Sur mes conseils, il a pris la fuite, et il est
allé se réfugier, en lieu sûr, auprès de mon ami le
portier nègre Kafour. Et c'est toi-même, ô ânier
de bénédiction, qui vas accomplir cette destruction, et aller ensuite porter la bonne nouvelle de
l'anéantissement sans recours de sa boutique, contenant et contenu, au teinturier Bakbak, en lui
disant : "Je n'ai agi que d'après les instructions
de ma maîtresse la cheikha Une Telle, et cela sans
rémunération, uniquement pour le visage d'Allah".
Lorsque l'ânier El-Kouz eut entendu ce discours
de la maraboute, qui répondait parfaitement à ses
instincts de destruction, il sentit son foie s'épanouir d'hilarité. Et il se trémoussa et se mit à rire
tellement que sa bouche alla rejoindre sa nuque
et qu'il tomba sur son derrière, par la force explo-
sive de son rire. Et l'âne lui-même, habitué à prendre part à la vie de son maître, se mit à accompagner ses éclats de rire par braiements, pétarades
et reniflements. Après quoi l'ânier dit à Omm El-
Hôl : "La solution, ô sainte dame, est, en vérité,
sur ta langue bénie. Et tu as trouvé en ton esclave
El-Kouz le bras qui casse et fracasse, le corps

d'un démon tenace dont rien ne peut diminuer
l'audace, car il est doué d'une résistante carcasse
surmontée d'une solide calebasse. Et c'est précisément au sujet de ton esclave plein de crasse, que
le poète a ciselé ce poème qui n'est pas fait pour
les esprits coriaces, lesquels ne sauraient distin-
guer leur derrière de leur face :

« *et ânier de folie est un insigne ivrogne,
mangeur de haschisch, buveur de bouza, sou-
teneur des tavernes.*

« *'est une gargoulette prise de vertige, et
dont le potier a négligé de boucher le fond.*

« *uant à sa ration de nourriture, elle con-
tenterait dix chameaux de Bactriane.*

« *t, certes, son âne est moins incontinent
que lui : il ne se nourrit que de paille, alors
qu'il porte des charges d'or ou de pierreries.*

« *ais l'âne ressemble à son maître par
ce fait, que s'il va à la Mecque, avec les pèle-
rins, il n'en devient point pour cela un pèlerin,*

« *t que, si on l'invite à la noce, ce n'est
point pour ses yeux, mais pour ses jambes et
son dos.*

« *et ânier de cinquante mille prostituées!
Chez lui les coups précèdent toujours la parole.*

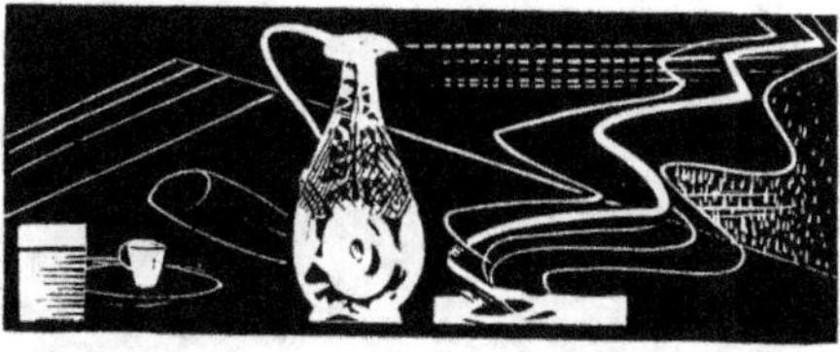

*"**M**ais si tu le fais manger une fois avec toi, il a faim chaque fois qu'il te voit."*

Et lorsqu'il eût récité ces vers, l'ânier se mit de nouveau à rire aux éclats. Et Omm El-Hôl lui dit : "Tu excelles, ô ânier de délices, mais, avant de te livrer à la casse, dis-moi ! Connaîtrais-tu, par hasard, une exquise dame de ce quartier, que l'on nomme, je ne sais pour quelle cause, la dame Omm El-Hôl ?" Il s'écria : "La malédiction sur l'exquise dame de ce quartier, ô ma maîtresse ! C'est une calamiteuse, dont mon âne lui-même craint la vue plus que celle du serpent. Et moi, comme je redoute la portée de ses prunelles de flamme, chaque fois que je la rencontre, je dirige en cachette, vers ses deux yeux, les dix doigts de mes mains, en murmurant : "Mes cinq gauches dans ton œil droit, et mes cinq droits dans ton gauche !"

C'est pourquoi Allah t'a mise aujourd'hui sur ma voie pour m'aider de tes conseils, après que je t'aurai raconté mon histoire".

Et il dit, en baissant la voix : "C'est cette dame Omm El-Hôl, ô ma maîtresse, qui a perverti et a détourné mon épouse Zohra, la fille de l'oncle Karim." Et El-Kouz baissa encore davantage la voix et souffla à l'oreille d'Omm El-Hôl : "Car elle est

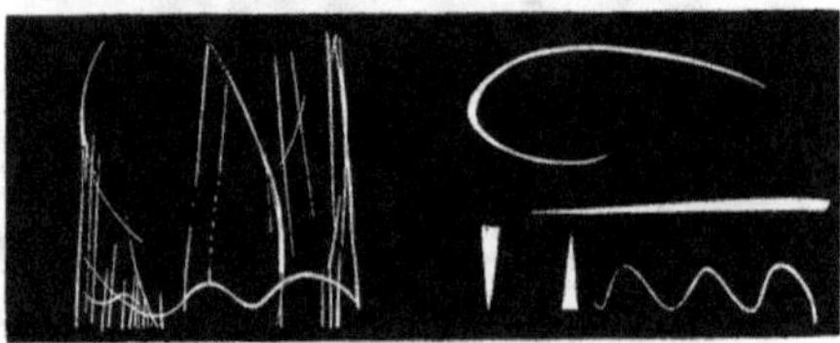

une insigne tribade ".

n entendant ces paroles de l'ânier, Omm El-Hôl
sourit, et lui dit : " O naïf ânier, sais-tu seulement
ce que tu dis ? Car, tout de même, le secret des
harems ne court pas les souks de Baghdad." Il répondit : " Et cet œil-ci et cet œil-là de ton esclave,
ô ma maîtresse, pourquoi sont-ils à leur place,
sinon pour voir, avec la permission d'Allah, ce que
ces femmes perverses ne veulent pas laisser
voir ? Or c'est avec ces yeux là que je l'ai vue
moi-même, alors qu'elle tribadait avec la fille de
mon oncle. Elle a réussi à la débaucher, et elle en
a fait sa chose entièrement. Et moi j'ai fait le serment sur la Kaâba et la Fatiha que, dès demain,
j'irai à la maison de l'oncle Karim, père de mon
épouse, et, à la face de tous les parents réunis, je
leur jeterai leur fille, que je répudierai par la formule irréfragable de la triple répudiation, en disant : " Je te répudie, ô Une Telle, fille d'Un Tel,
par les TROIS RÉPUDIATIONS ! "

t l'ânier El-Kouz, ayant ainsi parlé, réfléchit un
instant, puis ajouta :
" Toutefois, je dois t'avouer, ô ma maîtresse, que
si mon épouse Zohra, n'avait fait que cela avec
Omm El-Hôl, peut-être couvrirais-je ce que Allah
à couvert de son voile, et ne la répudierais-je que

par la formule de la simple répudiation. Et, peut-
être que plus tard, consentirais-je à la reprendre,
si elle se corrigeait de son vice. Mais, d'une part,
je la crois définitivement viciée et perdue, et, d'autre part, il y a, à mon encontre, par ses œuvres,
pis encore ! Car un malheur, quand il est d'impor-
tance, est toujours suivi de ses enfants et de ses
proches parents. Or, précisément, mon épouse, de
connivence avec sa corruptrice, m'a, d'une manière
plus diabolique encore, rendu péremptoirement
cornard ".

t Omm El-Hôl demanda : "Par ma vie, sur toi,
ô le plus étonnant des âniers de l'Islam ! Comment
cela ?"

l dit : "Voici ! Alors que moi, depuis bientôt
un an, je n'ai approché mon épouse pervertie ni
de près, ni de loin, ni d'un côté ni de l'autre, - et
cela j'en fais le serment entre tes mains, ô ma tante
la sainte ! - elle a trouvé le moyen de devenir enceinte. Et je livre cette affaire et ce désagrément,
ô ma maîtresse, à ton judicieux jugement. Mais mon
idée est que c'est Omm El-Hôl, et personne d'autre,
qui a rendu enceinte la fille de l'Oncle."

t Omm El-Hôl, cette fois réellement stupéfaite,
demanda en souriant : "Et de quels moyens une
femme peut-elle disposer pour rendre une autre

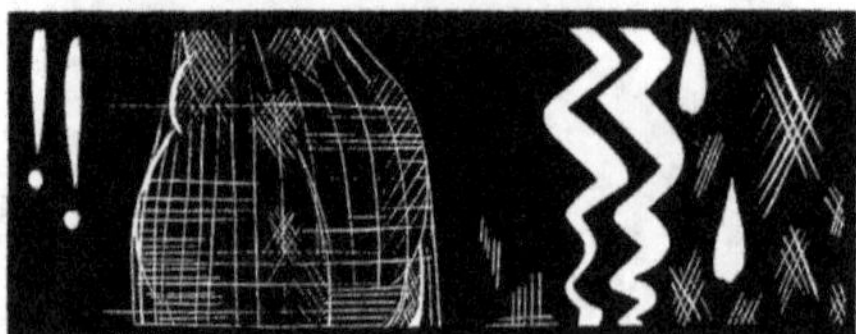

femme enceinte ? C'est là, ô ânier, une question,
en effet, fort troublante, et que je te prie de cla-
rifier à mes yeux".

t l'ânier dit : "Ne sais-tu donc, ô sainte maraboute, que rien n'est impossible au vouloir d'Allah ? Il peut non seulement rendre une femme enceinte par les œuvres d'une autre femme, mais il
peut même changer du tout au tout le sexe de ses
créatures. On connaît dix mille faits patents qui le
prouvent. Mais pour arriver à notre affaire, tu sais,
ô ma maîtresse, qu'une poule, quand elle est bien
gavée et bien grasse, peut pondre des œufs magnifiques sans l'aide d'aucun coq ; et, de son côté, un
coq de qualité peut pondre un œuf dans sa vie.
Pourquoi donc ma maudite épouse Zohra - qu'Allah la confonde ! - qui est maintenant grasse à
souhait et dodue à point, ne pondrait-elle pas un
garçon ou une fille sans mon consentement et ma
contribution, pour peu que fût mêlée à l'affaire
une tribade de qualité ? "

orsque Omm El-Hôl eut entendu cette explication de l'ânier El-Kouz, elle répliqua : "O époux
de Zohra, tu vas donc divorcer d'avec la fille de
ton oncle, à cause de cette grossesse que tu attri-
bues aux œuvres d'une autre femme ? Si cela est
ton seul grief, je crains fort que le Kadi, le Muphti

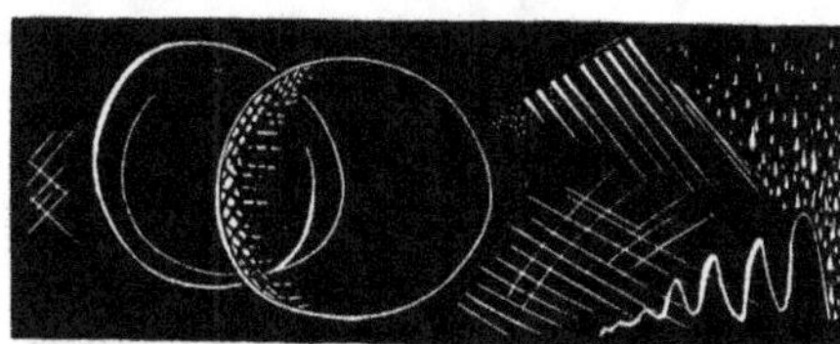

et le Cheikh-ul-Islam n'aient le droit de dissoudre
le serment de la Triple Répudiation". ⟹⟩⟩⟩⟩
Il répondit : "Par Allah ta science est une grande science, ô ma maîtresse. Mais je dois te dire
qu'il y a, entre mon épouse Zohra et moi, quelque
chose de plus abominable encore que tout cela.
Lorsque j'ai épousé, il y a deux ans, la fille de
l'oncle Karim, elle était, comme aujourd'hui, grasse à point et dodue, consistante de tous côtés et
satisfaisante de partout. Mais, la nuit qui suivit la
nuit nuptiale et la consommation, comme je pre-
nais l'épouse dans mes bras, pour faire, ô ma maîtresse, ce que doit faire tout propriétaire d'une
terre en friche, ce que je constatai fut tellement
stupéfiant que je crus que l'on m'avait subtilisé
mon épouse Zohra et qu'on me l'avait remplacée
par une autre. Car le soc de la charrue, ô ma maîtresse, au lieu de s'enfoncer dans un élément con-
sistant et satisfaisant, comme la veille, ne rencon-
trait, sous le choc, ni chair, ni viande, ni graisse,
ni même leur trace ou leur odeur, même dans les
parties qui d'ordinaire sont les plus viandues et
dodues. Et je ne sentis rien d'autre, par Allah ! que
les os et la peau, et rien de plus, sinon craque-
ments sur décharnement, sur abîme sans fond. Et
je balottais là-dedans comme le concombre dans

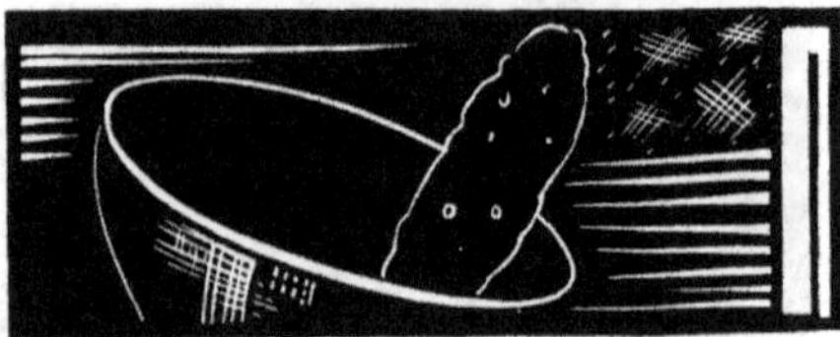

le chaudron. Et ma perplexité fut une grande perplexité et je me dis en mon âme : "Par Allah !
l'affaire est compliquée ! Hier, c'est à peine si tu
aurais pu introduire ton doigt pour la constatation
de la virginité, et cette nuit tu pourrais être tout
entier englouti. O pauvre, dans quel gouffre es-tu
tombé ?"

"Puis je me levai de dessus la fille de l'oncle, et
m'assis plus loin dans le coin de la réflexion, en
me disant : "Ouallahi ! cela n'est pas naturel. Une
fille d'Adam ne fond pas d'ordinaire comme cela,
en un jour, plus vite que la queue du mouton dans
la marmite. Il y a sans aucun doute, un sort jeté
sur la fille. Que faire contre ce maléfice ? Il n'est
de recours et de sauvegarde qu'en Allah l'Omnipotent".

Et je réfléchis dans mon coin durant une heure
de temps, sans dire un mot à mon épouse, qui me
regardait d'un air innocent et souriant. Et je fus
persuadé, après avoir tout pesé et contre-pesé, que
la fille de l'oncle avait dû être habitée, jusqu'à cette
heure, par un très gros Efrit, lequel, pour me jouer
un tour, avait brusquement déserté l'intérieur de
la fille de l'oncle, et l'avait ainsi frustrée des trois
quarts de son embompoint.

Alors je me décidai à interroger la fille de l'oncle,

et je me tournai vers elle, et lui dit :
"Réponds-moi sans détours ni bavardage, ma fille.
Sinon, par Allah ! je saurai bien faire entrer ta longueur dans ta largeur. Depuis quand es-tu habitée par l'Efrit ? Et quelle est son espèce ? Dis-le
moi afin que j'aille, sans retard, chercher la cheikha qui sait exorciser l'espèce en question".
lle s'écria, soudain emportée : "Quel radoteur
es-tu, ô homme ? La sauvegarde sur moi et autour
de moi ! Que parles-tu d'Efrit et d'exorcisme ? Je
ne connaîs d'autre Efrit que toi."
e dis : "Il y en avait un gros dans ta peau, qui
est parti. La laudation à Allah ! Mais il importe
qu'il ne revienne plus. Et nous le remplacerons,
grâce à de l'engraissement aux pâtes d'amandes et
semoules au beurre, par de la bonne viande et de
la graisse de qualité ! Et tu redeviendras à mon
goût et à mon gré. Car moi je déteste les maigres,
et je ne prise que les dodues viandes."
orsque mon épouse Zohra eut entendu ma réponse, elle éclata de rire à mon visage, en dépit
du respect qu'elle me devait, et me dit : "Tu n'es
guère de sens rassis, ô mon maître ! Encore une fois,
je ne connais d'autre Efrit qui soit entré en moi que
toi seul. Et, par Allah, on te sent quand tu es là. Et
j'ai cru même la première fois que tu allais sortir

par mon gosier."

t elle rit encore davantage, en voyant mon nez allongé, et ajouta : "Mais tu dois bien savoir que l'on m'avait soufflée !"

t moi, ô ma maîtresse, je ne compris rien à ce qu'elle disait, et je la regardai sans répondre, de peur d'être encore raillé. Mais elle me dit :
"Je vois, ô fils de l'oncle, que tu ne connais pas l'affaire du soufflage. Je vais donc te l'expliquer sans plus de bavardage. Sache donc, que lorsque, sans m'avoir jamais vue, tu m'as demandée en mariage, par l'intermédiaire de la marieuse de notre quartier, Sett-Fattouma, tu lui as posé, comme condition principale, que ton épouse devait être, comme une caille, dodue, viandue. Or, à ce moment, la marieuse n'avait sous la main que des filles maigres ou efflanquées, de mon espèce.

lors, plutôt que de laisser échapper cette occasion de bénéfice pour elle, Sett-Fattouma s'entendit avec ma mère pour me souffler. Or, rien de plus simple comme opération, ni de plus aisé. C'est par la queue que l'on commence, comme chez le chameau. Car tu sais bien comment, avant de vendre à l'encan un chameau amaigri par les longues privations du désert, son propriétaire le souffle, la veille même de l'encan ? Non, tu ne le sais point ?

64

Eh bien, le chamelier, par un petit trou fait à la queue du chameau, lui insuffle dans la peau, avec un soufflet et un chalumeau, autant de vent qu'il en faut. Et le chameau acquiert à l'heure et à l'instant, l'embonpoint d'un éléphant. Mais le lendemain de la vente, parti le vent, parti le dedans. Et le chameau redevient comme devant, efflanqué tel un soldat de Gengiskhan.

"Or, ô mon maître, ma mère et la marieuse s'arrangèrent pour me souffler, avec un chalumeau, par l'extrémité de la peau de mon respectable dos.

"Et il n'y a, en tout cela, ni Efrit, ni possession, mais un peu de vent entré et sorti. Et telle est la cause de mon engraissement et de ma maigreur. Et telle fut l'opération de mon soufflage, ô maître de céans".

Lorsque j'eus entendu cette explication de mon épouse, je sentis mon foie se gonfler de honte et ma vésicule éclater de dépit, en constatant que mon ignorance était une si grande ignorance. Et je me dis qu'il n'y avait pas moyen de s'insurger contre la conjugaison des forces du Destin, et que le mieux, sans aucun doute, était, pour sortir d'embarras, ou bien de prendre une seconde épouse sur ma première épouse, pour humilier celle-ci et la punir de m'avoir bafoué avec l'aide de sa mère

et de la marieuse, ou bien de choisir l'engraissement. Et j'optai pour ce dernier moyen, comme
essai et expédient.
'est pourquoi, sans perdre un instant, je mis la
fille de l'oncle, par gavage, au régime des fèves
bouillies, des semoules à la graisse et des bananes.
Et tout ce que je gagnais de mon métier d'ânier
passait à ce régime, mais, je ne regrettais point la
dépense, car, au bout de quelques mois, mon
épouse Zohra devint, dans toutes ses parties, tout
à fait à mon gré et selon mon désir, avec la con-
sistance souhaitable, et l'étroitesse désirable.
ais je ne savais pas, ô ma maîtresse, que mon
épouse était une femme pervertissable à ce degré
dont je fus, plus tard, la victime. Et je ne pouvais
me douter que j'avais engraissé, en elle, une terre
plus décevante que le Sahara du jugement. Car
la dévergondée me donne aujourd'hui bien des
tourments, par le vice que tu sais et par ses débor-
dements. Et il n'y a plus entre moi et cette fille de
l'oncle que le Kadi et le triple répudiement."
orsque Omm El-Hôl eut entendu ce récit des
mésaventures de l'ânier El-Kouz avec son épouse,
elle ne voulut point montrer, par n'importe quel
bout, qu'elle connaissait mieux que lui toute l'affaire avec ses moindres détails. Au contraire, elle

lui sourit, et lui tapota amicalement le dos et lui
dit : "O gloire des âniers de Baghdad, va ! tran-
quillise ton âme et rafraîchis tes yeux. Le destin
t'a jeté des cailloux, mais sache que seul l'arbre à
fruits connaît les cailloux. Oublie donc la meur-
trissure, car le Sage a dit : "Si tu oublies un ennui,
tu vis désormais sans lui". Mais moi - et j'en jure
par la Première Syllabe du Koran ! - j'arrangerai
ton affaire, inschallah ! avant l'aurore ! au delà de
tes souhaits. Mais pour le moment, n'oublions pas
que nous avons décidé la casse, dans cette boutique. Relève donc tes manches, ô gaillard, et des-
cends dans le meïdân de la destruction et de l'anéantissement. Et lorsque tu auras tout saccagé et
tout réduit en miettes, dans cette teinturerie, tu
iras trouver de ma part, ainsi que je te l'ai dit, le
teinturier Bakbak chez le nègre Kafour, dans la
maison de Si Mahmoud le schahbandar des marchands et tu lui annonceras la bonne nouvelle. Puis
tu diras à Kafour : "A tes ordres, me voici. Que
dois-je faire ici ?" Et tu verras ce que tu verras."
Puis elle ajouta : "Et maintenant, ô père de la gail-
lardise, à la casse !"

t, ayant ainsi parlé, elle toucha le front de l'â-
nier du bout de son bâton de maraboute, en signe
de protection, et se leva sur ses deux pieds. Et elle

sortit lentement de la boutique. Et, arrivée à l'angle de la ruelle, elle se retourna pour voir, par ses propres yeux, si l'ânier avait commencé l'œuvre de destruction. Et elle constata qu'El-Kouz, après avoir attaché son âne à l'anneau de la devanture, avait ramassé, dans un coin, son gros bâton nabbout en bois noueux de caroubier, et le brandissait au cri que poussent les travailleurs dans tout travail de force ou d'adresse : halissah ! halissah ! Et, au rythme de ce cri, l'ânier se jeta, à corps perdu, dans l'œuvre de destruction.

Et voici que faisant tournoyer avec violence le nabbout au-dessus de sa tête, il ébaucha d'abord une danse de démon, en sautant jusqu'au plafond. Puis, brusquement, il se mit à asséner des coups effroyables sur le matériel de la teinturerie, cependant que l'âne, excité par les cris de son maître et par sa frénésie, lançait des grands coups de pied contre les cuves du seuil pleines de liquides colorés. Et El-Kouz, en cassant tout, hurlait : "Cette grosse jarre-là que je fracasse, c'est cette truie de Fattouma, la marieuse. Et cette autre que je mets en bouillie, dans son coin, c'est la femme de l'oncle Karim, mère de mon épouse, la malédiction sur elle ! Halissah ! Halissah !

Et bientôt la belle boutique de Bakbak ne fut

plus, en un très court espace de temps, que ruines
sur décombres au milieu d'une mare de toutes les
couleurs. Et, au dehors les passants s'arrêtaient
interloqués et se disaient : "Regardez ! Regardez !
C'est le Cheïtân avec son propre œil ! C'est le proxénète El-Kouz, le porteur d'eau ! Il casse tout
chez le teinturier. N'y a-t-il donc plus, ô Musulmans, des gardes dans Baghdad pour arrêter les
énergumènes ? "

t pendant que, dans le brouhaha, ils discutaient
en s'excitant, et que le tintamarre allait en s'en-
flant, soudain, sur le seuil de la boutique, émergea
avec sa figure toute barbouillée et bariolée de
teintures diverses, El-Kouz en personne, semblable à quelque épouvantable Genni. Et prestement,
en éclatant de rire, il sauta sur le dos de l'âne, en
lui piquant le cou à l'endroit exquis, avec la pointe
de son bâton d'ânier. Et l'âne, abaissant ses oreilles
et dressant la queue, s'enleva au galop. Et, l'un
emportant l'autre, ils disparurent tous deux dans
la poussière, du côté de la résidence du nègre
Kafour.

t voilà pour ces deux-là.

uand à Omm El-Hôl, voici :

orsqu'elle vit que l'œuvre de destruction était
accomplie, elle se sentit à la limite de la satisfac-

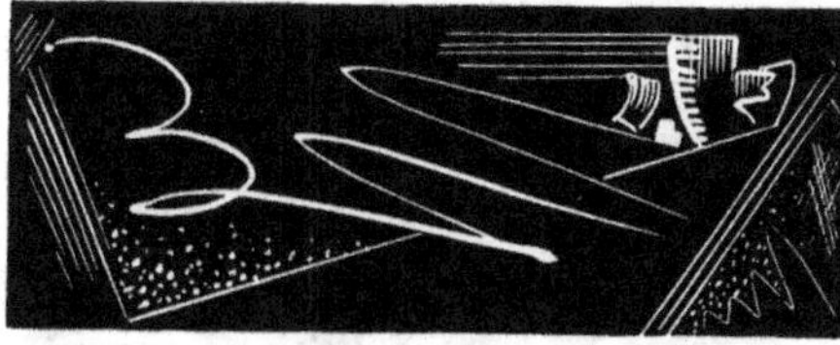

tion et quitta son angle d'observation. Et elle se
dit : "Et maintenant, il faut terminer l'affaire par
la Fête de la Circoncision". Et, s'appuyant sur
son bâton de Cheikha, elle se dirigea vers l'Impasse de la Rue Rouge, ou était la maison du tailleur Schakalik. Car elle savait que ce soir là
Schakalik célébrait la circoncision de son petit
garçon de cinq ans et de la sœur de ce petit garçon,
de deux ans plus âgée que lui. Et le tailleur donnait, à cette occasion, des réjouissances avec Zina -
illumination, à tous les gens du quartier qui étaient
invités à entrer librement manger, boire et se réjouir en écoutant la musique, les chants et la récitation du Korân.

t, tout en s'acheminant, elle se disait : "Va, ia
Omm El-Hôl ! Ne redoute rien, et, si quelqu'un se
met en travers de ta voie, sois souple, car le Sage
a dit : "Sache t'incliner et baiser la main que tu ne
peux couper". Va, et sache mentir, mais avec mesure, et ne sois pas comme ce médecin qui, s'il sait
quelquefois guérir, s'entend encore mieux à faire
mourir. Mais, devant des sots, place en évidence,
sur la paume de ta main, tes mérites et tes quali-
tés, en reléguant avec soin tes vices sous ton ais-
selle ".

t elle arriva de la sorte à l'entrée de l'impasse,

sous les tentes splendides et les draperies aux vives couleurs dressées à hauteur des maisons, tout
le long de la voie. Et, au milieu des cris de joie et
des zagharit aigüs des femmes invitées, elle pénétra dans la demeure de la circoncision.

t dès qu'elle fut dans la cour pavoisée, uniquement réservée aux femmes, la maîtresse de maison accourut vers elle et l'accueillit par les paroles de bienvenue. Et elle la conduisit, la tenant respectueusement par la main, auprès du petit garçon et de la fillette, qui étaient assis sagement, l'un à côté de l'autre, sur la dikka - banquette d'honneur, en face de l'estrade des musiciens.

t les deux enfants étaient engoncés dans leurs robes neuves en brocart d'or et d'argent, et dans leurs cafetans de soie émeraude. Et ils étaient coiffés d'une calotte écarlate ornée d'amulettes contre le mauvais œil. Et devant eux brûlaient des cierges jaunes et verts, et des cassolettes d'où s'échappait la fumée de l'encens. Et ils se tenaient immobiles, dans l'attitude rituelle, les yeux baissés, silencieux, deux petites figures d'idoles.

ais, en face d'eux, sur l'estrade tendue de velours cramoisi, se tenaient les almées chanteuses, étincelantes de bijoux et d'orfévreries, les cheveux tressés en nattes mêlées de soie verte et blanche,

et les yeux fulgurants de Kohl noir. Et, vis-à-vis d'elles, étaient assis les instrumentistes hommes, choisis tous parmi les musiciens aveugles, à cause de la présence des femmes, ainsi que le veulent les usages et la coutume.

t, au milieu de la foule des invitées, circulaient des négresses porteuses de sorbets et de confitures, avec leurs grands plateaux chargés de toutes sortes de boissons et de douceurs. Et les cuisinières expertes, aux quatre coins de la cour, faisaient frire des beignets au beurre, sucrés au miel de canne à sucre. Et elles tournaient la balouza transparente à la gelée de fleurs, ou versaient, dans les porcelaines, la crème et l'assida de la circoncision, sucrées au miel d'abeilles et parfumées de cannelle.

t toutes les invitées mangeaient et buvaient sans contrainte, en écoutant le jeu des musiciens et le chant des almées, tout en bourrant de sucreries les marmots accrochés à leurs flancs. Et elles étaient à la limite de l'épanouissement et se disaient : "O générosité de nos hôtes. Qu'Allah les bénisse ! Ils n'ont pas lésiné avec nous. Nous nous en iront d'ici cœur réjoui, foie dilaté, désirs satisfaits".

n effet, le tailleur Schakalik avait fait large-

ment les choses, et bien au-delà de ses moyens et
de sa fortune. Car, pour donner cette fête, non seulement il avait dépensé toutes ses économies de
trente années de travail, mais il s'était lourdement
endetté chez le Juif Azaria, le changeur, d'une
somme qui allait l'obliger à travailler encore de
son métier jusqu'au jour de la Résurrection. Mais
il avait réalisé aujourd'hui son rêve, en donnant
cette grande fête avec les almées les plus réputées
de Baghdad, au milieu desquelles se trouvait l'illustre Rihana la Bleue, surnommée le Bulbul de
l'Époque.

Quant à Omm El-Hôl, dès qu'elle fut en face des
deux enfants, elle les bénit. Et les enfants, sur un
signe de leur mère, se levèrent dans leurs lourds
vêtements chamarrés et s'inclinèrent devant la
sainte, et lui baisèrent la main. Et Omm El-Hôl
dit au petit garçon : "O Ange, quel est ton nom ?"
Il répondit : "Saïd, ô ma maîtresse". Elle dit : "O
convenance du nom ! Puisse ta circoncision te
mettre à l'abri des blessures !" Puis elle dit à la
fillette : "Et toi, ô matin lumineux, quel est ton
nom ?" Elle répondit : "Amina, ô ma maîtresse".
Elle dit : "Puisse ta circoncision t'octroyer pureté
de corps et fécondation des flancs". Puis elle se
tourna vers la mère et lui demanda : "A-t-elle

beaucoup souffert ?" Et la mère répondit : "Grâce
à Allah, nullement, car la ballana qui a coupé la
fillette est douée de doigts plus légers que le duvet". Et Omm El-Hôl, en se retirant dit : "Béni
soit Allah pour l'excellente terminaison".

r juste à ce moment, un mouvement se produisit au milieu des dames invitées, et un murmure
courut, accueillant l'arrivée d'une jeune fille res-
plendissante de fraîcheur. Et l'on se répétait :
"Voici la fille du Préfet de Police Fléau-des-
Souks". Et d'autres disaient : "Vous savez bien,
c'est la gazelle que l'on va fiancer avec le beau
Grain de Musc, fils du schahbandar Si Mahmoud".

t Omm El-Hôl, en entendant ces dernières paroles, se sentit comme piquée par un scorpion, et
sursauta. Mais elle sut se maîtriser et attendit,
sans bouger, que la maîtresse de céans et ses
amies aient fini de recevoir et de complimenter la
nouvelle venue. Lorsque celle-ci, après avoir pris
contact avec les gens de la fête, se fut installée non
loin de là, elle se rapprocha doucement d'elle et
la salua et lui dit : "O lune de Ramadân, c'est ton
heureux destin qui te met aujourd'hui sur mon
chemin. Mais, dis-moi, comment se porte ton glorieux père, ô mon agneau ?" Elle répondit : "Il
est florissant et resplendissant. Et il m'a accompa-

gnée jusqu'ici, et il vient d'entrer dans la salle des
hommes, pour entendre un peu les chants. Et, certes, s'il savait ta présence bénie, il souhaiterait baiser le bord de ton voile." Elle dit : "Ton père, ô
ma gazelle, n'a pas son pareil. Mais, je vais avoir,
de suite, l'occasion de le saluer, puisque je vais
entrer chez les hommes, pour voir si je ne rencon-
trerai pas là le bel adolescent Grain de Musc, fils
du schahbandar Si Mahmoud".

orsque la jeune fille eut entendu ces paroles,
elle fut extrêmement émue, et devint jaune comme
le safran et tremblante comme la feuille de l'arbre
ban. Et Omm El-Hôl lui demanda : "Qu'as-tu, ô
ma charmante ? Je vois ton teint jaunir, et ton
état devenir un triste état." Elle répondit : "C'est
à cause d'une plaie vive que j'ai dans la poitrine."
Omm El-Hôl dit : "Souffrir, quand on a ce visage
de lune et cette jeunesse qui bénit le Créateur !
Par la vie de tes yeux, ô ma fille Fahima, ne me
cache rien. Le secours est entre les mains du Se-
coureur".

lors la jeune Fahima pencha sa tête vers Omm
El-Hôl, soupira doucement et dit : "C'est pour me
montrer l'adolescent dont tu as parlé, ô ma maîtresse, que mon père m'a conduite à cette fête. Car
mon père me le destine comme époux". Omm El-

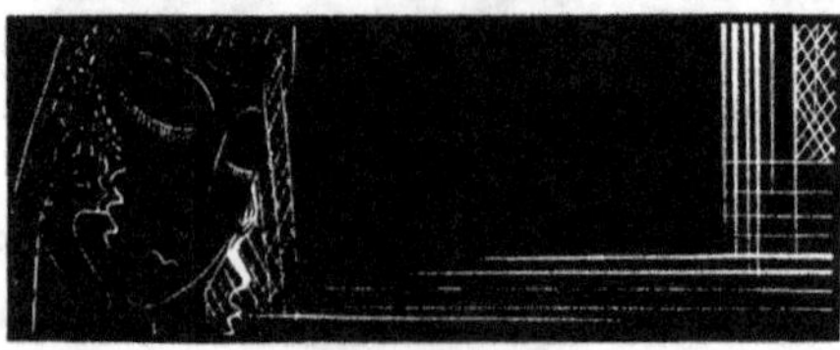

Hôl répondit : "Il n'y a pas d'inconvénient. Et moi je ne suis venue ici que pour servir de lien entre toi et Grain de Musc, ô mon œil. Et la chose va se faire à l'heure et à l'instant, car je vais entrer de suite dans la Cour des hommes, et dès que je verrai arriver Grain de Musc, je lui parlerai de toi et ferai le nécessaire. Fie-toi à mon expérience de ces choses, et il n'arrivera que le bien. Je te demande seulement de ne pas bouger de cette place, pendant mon absence, et de tenir ton cœur dans la tranquillité et ton esprit dans le coin de la patience. Mais dès que j'aurai arrangé l'affaire, je reviendrai, et te ferai signe de loin. Et tu te lèveras avec prudence, sans attirer l'attention, et tu me suivras en silence." Et Fahima répondit : "Tes paroles sont sur ma tête et sur mes yeux. Je mets sur mon cœur le sceau de l'obéissance".

lors Omm El-Hôl se leva, souleva le rideau qui séparait les deux cours, et pénétra dans l'enceinte des hommes. Et la voix magnifique du cheikh Salim Hedjazi, le plus illustre chanteur de l'empire, se faisait entendre dans sa plénitude. Et cette voix chantait les Versets rituels de la Circoncision et les Versets de la Pudeur :

"◼ VOUS QUI CROYEZ !...

“L'EMPREINTE PURIFIANTE DU PURI-
FICATEUR EST MAINTENANT SUR LE
MEMBRE DE VOS ENFANTS.

“ET NUL N'EST AUSSI HABILE QU'ALLAH
POUR OPÉRER CETTE EMPREINTE.

“IL CONNAIT, LUI, L'UTILE, ET IL CON-
NAIT LE NUISIBLE. IL VOUS RECOM-
MANDE CETTE PURIFICATION.

“PURIFIEZ DONC VOS FILS ET VOS FIL-
LES, EN ÉLAGUANT L'IMPURETÉ ET EN
ÉVITANT LA PUTRESCENCE.

“Ô VOUS QUI CROYEZ !...

“QUE VOS FEMMES SOIENT DE CELLES
AU REGARD CONTENU, ET QUE VOS FIL-
LES VEILLENT SUR LE MYSTÈRE DE
LEUR SEXE.

“QU'ELLES SURVEILLENT JALOUSE-
MENT CE QUE NOUS LEUR PRÊTAMES
PAR PRÊT, EN DÉPOT INTIME DANS
LEUR SEXE,

“ET EN AMÉLIORATION DE VOTRE
RACE, ET POUR LA JOIE DES CROYANTS.

“Ô VOUS QUI CROYEZ !...

“QUE VOS FEMMES ET VOS FILLES, VOS
PROCHES ET VOS SERVANTES,

“N'EXPOSENT RIEN DE LEUR INTIMITÉ

79

AUX YEUX DE TOUT POSSESSEUR DU
MEMBRE VIRIL.

"MAIS POINT DE CULPABILITÉ SUR
CELLES QUI NÉGLIGENT LE PRÉCEPTE
"DEVANT LES TOUT PETITS, PARMI
LES POSSESSEURS DU MEMBRE VIRIL,
"QUI NE PEUVENT ENCORE DIFFÉREN-
CIER LES SEXES DE L'HUMAIN.

"Ô VOUS QUI CROYEZ !...

"QUE VOS FEMMES ET VOS FILLES, EN
MARCHANT, NE MOUVEMENTENT PAS
LEUR SEXE, NI LEUR CROUPE, NI LEURS
SEINS, ET NE BALANCENT RIEN DE CE
QUI EST DANS LEUR INTIMITÉ,
"COMME SE BALANCE SUR LE DOS DU
BÉDOUIN, LA JATTE PLEINE DE LAIT
CAILLÉ.

"Ô VOUS QUI CROYEZ !...

Mais le chant sacré s'arrêta soudain quand on
vit entrer la sainte d'Allah. Et toute l'assemblée
grave des hommes se leva d'un mouvement unanime, et s'inclina en l'honneur d'Omm El-Hôl, qui
répondit par un léger mouvement de tête. Puis,
quand tout le monde se fut assis, elle scruta attentivement du regard la salle dans sa largeur et sa

profondeur, pour voir si Grain de Musc était là.
Mais elle ne vit que le père de Grain de Musc, le
schahbandar Si Mahmoud, assis à une des places
d'honneur, à la droite de Fléau-des-Souks, l'arro-
gant Préfet de Police. Et elle se dit : " Je vais attendre Grain de Musc, pendant quelques moments,
puisqu'il doit être sûrement expédié ici par mon
ami le nègre Kafour, son portier."

uis elle chercha des yeux la place la plus favorable pour surveiller l'entrée de tout arrivant ; et
elle avisa un banc isolé sur lequel étaient assis
deux invités dont l'air lui convenait.

'un de ces hommes était habillé d'une chemise
toute neuve de couleur abricot, et était coiffé du
bonnet côtelé de la corporation des tripiers. L'autre était plus pauvrement vêtu encore, et n'avait
rien de remarquable dans la mise ou l'accoutrement, mais il tenait à la main un petit pot qu'il approchait, de temps à autre, de son nez et qu'il hu-
mait, avec tous les signes de la délectation. Et
quand il cessait de renifler ce petit pot, il le prenait
dans sa main gauche, et, d'un air absorbé et comme incantatoire, il en frottait le fond extérieur longuement, avec son index de la main droite.

r, dès que ces deux hommes virent la cheikha
s'approcher de leur côté, ils se levèrent et essuyè-

81

rent avec le bas de leurs cafetans la poussière du
banc, et offrirent la place nettoyée à Omm El-Hôl,
lui disant : "Veuille honorer !" Et elle leur sourit,
agréant l'offre, et prit place à côté d'eux. 
t, comme à ce moment, la musique s'interrom-
pait de jouer, pour permettre à l'illustre chanteur
de respirer, les deux hommes profitèrent aussitôt
de cette pause pour converser. Et le revêtu de la
chemise abricot dit au porteur du petit pot : "Par
Allah ! depuis tant d'années que nous ne nous
sommes plus rencontrés, tu n'as guère changé, ô
mon ami Un Tel !" Et celui-ci répondit : " Et moi,
en vérité, sans ton bonnet côtelé, je ne t'aurais
certes pas reconnu, investi que tu es de cette somp-
tueuse chemise abricot." Et le tripier reprit : "Cette merveille de chemise, ô Un Tel, je la dois à la
générosité de notre hôte le tailleur Schakalik. Il
a voulu, par ce don, reconnaître, en cette fête de
Circoncision, l'honnêteté avec laquelle je lui ai
toujours fourni des tripes fraîches, du foie bien tendre et des têtes de mouton cuites à point." Et le
maître du petit pot dit : "J'envie, mais sans amertume, ton plaisir de cette belle chemise neuve si
propre. Tu dois sentir le changement, ô mon ami,
toi que j'ai toujours connu revêtu d'une chemise
plus noire que mon destin." Le tripier dit : "La

chose est appréciable, surtout pour moi qui ai toujours pensé qu'il ne devait pas y avoir, dans la vie,
un plaisir plus vif que celui de changer souvent de
chemise. Ainsi, dis-moi, je t'en prie, toi qui connais
ces choses mieux que moi, combien de fois par an
penses-tu qu'un marchand bien à son aise, comme ce schahbandar que tu vois assis en face, peut
bien changer de chemise ? " Et l'homme au petit
pot répondit : " Par Allah ! je ne sais pas, mais je
crois qu'il doit bien en changer douze fois par an,
une pour chaque mois, le tout dans le tout ". Et le
tripier demanda : " Mais alors le richissime bijou-
tier Azaria, prêteur sur gages, que tu vois, là, devant toi, assis à côté de Fléau-des-Souks, combien
de fois crois-tu qu'il change de chemise dans son
année ? " L'autre répondit : " Celui-là, à n'en pas
douter, ne peux pas changer de chemise, moins
de deux ou trois fois par mois, peut-être même
quatre fois. Je le crois ". Et le tripier à la chemise
abricot demanda : " Dans ces conditions, notre
maître le Grand Vizir Giafar, doit bien, à ton avis,
en changer bien plus souvent encore ". Le porteur
du petit pot répondit : " En douterais-tu, ô pauvre ? Tu n'aurais qu'à regarder les bords de son
emmanchure, quand il passe à cheval devant ta
boutique. Quelle fraîcheur et quelle besogne pour

83

les lavandières du palais. Oh ! lui, certes, il change de chemise une fois par jour et une fois par
nuit, sinon davantage ". Et le tripier à la chemise
abricot s'émerveilla à l'extrême limite de l'émerveillement et s'écria : "Ba, ba, ba, ba ! Ia Allah !
Est-ce possible ? Mais alors, l'Émir des Croyants,
notre Suzerain Haroun Al-Raschid, lui, ne peut
pas être en reste, pour ce qui est du changement de
chemise, avec son grand vizir Giafar. Tu fais donc
erreur, ô Un Tel !" Et le maître du petit pot répondit : "Et pourquoi ferais-je erreur ? Ne sais-tu
donc pas, ô pauvre, que, pour ce qui est de changer de chemise, le Khalife, lui, ne fait que ça toute la journée ?"

out cela ! Et Omm El-Hôl voyait et entendait.
Et bien qu'elle tînt à garder une attitude pleine de
dignité, elle ne put se retenir de rire sur son banc,
et abaissa même son voile de tête sur son visage.
Puis elle regarda avec une grande sympathie le
maître du petit pot et lui dit : "Mais toi, ô savant
connaisseur des dessous de Baghdad, connais-tu
pour toi même cette intense volupté du changement fréquent de chemise ?"

ces paroles, l'homme interpellé baissa le front,
comme en proie à une peine profonde, secoua la
tête avec amertume et répondit : "Excuse-moi, ô

ma maîtresse, mais cette question m'opprime". Et
Omm El-Hôl, fort étonnée, lui dit : " Par Allah !
sur toi, ô mon fils, ta réponse me met à la limite
de la perplexité. Hâte-toi donc de m'expliquer
comment une simple question de changement de
chemise peut provoquer une telle oppression sur
ton entendement ".

Alors le maître du petit pot dit :
" Ta question, ô ma maîtresse, sur le changement
de chemise, m'opprime en effet le corps et l'entendement. Elle réveille dans mon foie une souffran-
ce qui dormait, et arrête l'éventail de mon cœur.
Toutefois, à cause de l'intérêt que tu témoignes à
l'esclave, je vais te raconter brièvement mon histoire, qui est une histoire prodigieuse, faite pour
étonner l'entendeur et surprendre l'écouteur. Car
si elle était écrite avec les aiguilles du graveur sur
le coin intérieur de l'œil du spectateur, elle servi-
rait d'utile leçon au regardeur qui la lirait avec
ferveur."

Puis, le maître du petit pot appela, d'un signe, un
des nègres qui distribuaient des sorbets sur les
plateaux, et il se fit servir une coupe d'eau de
fleurs qu'il but d'un trait, s'essuya les lèvres du
revers de sa main, et dit :

" Sache donc, ô ma maîtresse la sainte, que je suis

veuf de mon épouse, la fille de Raghib, le pâtissier
de la rue Bab El-Djedid. Et de mon métier, je
suis forgeron pour les petits ustensiles de cuisine.
Et mon métier prospérait, grâce à la bénédiction.
Et mon épouse me satisfaisait. Jamais elle ne me
contrariait, ni me contredisait, ni ne me dépitait !
Jamais un mot plus haut que l'autre. Au contraire :
Quand il fallait dire "oui" elle disait deux, ou
trois, ou quatre fois oui. Et je ne l'entendis aucune
fois prononcer le détestable mot "non". Cela, jamais.
Et elle était douceur parfaite et délicieuse humeur, tout à fait. Et elle était la fille de mon oncle. Mais elle mourut.
Et ma calamité fut une grande calamité, et mon
chagrin un très grand chagrin. Alors, comme je ne
pouvais plus supporter la douleur de cette perte
et la dureté de mon destin, je résolus de me tuer,
puisque je ne pouvais oublier mon chagrin.
Mais la vie est chère à l'âme et l'âme est chère au
corps, et moi, ô ma maîtresse, je ne réussis point à
exécuter jusqu'au bout ce projet définitif. Au dernier moment, alors que j'avais déjà enjambé la
balustrade de la terrasse, pour me jeter dans la
rue et me fracasser sur les pierres, quand déjà ma
tête dans le vide était plus lourde que mon corps

et m'eût entraîné infailliblement vers ce destin, la
vie fut plus forte que la mort, et je ne tombai point
et ne mourus point cette fois-là.

Alors, je me décidai à tenter la délivrance par
l'oubli, et, dans ce but, je résolus d'expérimenter
l'herbe précieuse, la drogue qui fait s'évanouir
chagrins et soucis, et de devenir ainsi un mangeur
de haschisch.

Et je sortis, dans ce but, de ma demeure, et je
pris le chemin qui mène à la cave-taverne, où tiennent leur assemblée plénière et leur diwân, tous
les opprimés que la vie a trahis et dont la mort n'a
pas voulu. Et je me disais : "Oui, rien d'autre à
faire. Devenir un haschasch d'entre les haschaschîn, l'un de ces doux rêveurs, l'un de ces bienheureux de l'oubli !"

Or, comme je passais devant un marchand de
vieux objets dépareillés et d'assiettes ébréchées,
je pensais en mon âme : "Toi, ô forgeron Un Tel,
tu n'as pas encore l'habitude de la drogue, commence donc par t'y accoutumer, avant d'aller à la
taverne, au milieu des vétérans de l'herbe enchanteresse. Car, inexpérimenté, tu serais peut-être un
objet de risée pour ces vieux habitués. Commence
donc par goûter à cette ivresse chez toi, dans la
sécurité, tout à ton aise. Et, quand tu seras deve-

nu un haschasch d'attaque, alors seulement tu iras
te mêler aux haschaschîn de la taverne".

t, raisonnant ainsi, j'entrai chez le marchand
de vieilleries, j'avisai un petit pot très ancien en
bois de senteur, dont la forme me plaisait, et je me
dis : "Il me servira à enfermer la pâte de haschisch". Et, sans même le marchander, bien que
je fusse le plus pauvre des pauvres, je l'achetai au
boutiquier certainement au double ou au triple de
son prix.

e là, j'allai chez un droguiste que je savais dis-
cret et lui dis : "Donne-moi, s'il te plaît, ô cheikh,
un peu de ce que tu sais, pour un dinar d'or." Il
me dit avec commisération : "Pour un dinar,
qu'auras-tu ? A peine un dixième d'once ! Et ce
pot que tu me tends est fait pour contenir une once entière". Je lui dis : "Par Allah sur toi, ô mon
frère, je suis un opprimé, et ce dinar d'or est tout
ce que possède ma main. Mais je suis prêt à me
vendre à toi pour parfaire la somme qui sied." Il
me répondit : "Garde ton dinar, ô mon frère, Allah pourvoiera. Donne-moi le pot pour que je te le
remplisse. Et tu me paieras quand ton Destin mon-
trera pour toi une face blanche."

t, bien que je protestasse avec confusion, il me
prit le petit pot des mains, me le remplit de la

pâte d'oubli jusqu'aux bords, le referma soigneusement, et me le rendit, en me disant : " La prospérité, ô pauvre, la prospérité ! Et-tewfik ! Et-
tewfik !" Et il ajouta, avec un sourire très bon : "Je
ne fais point cela pour être un jour rétribué ou payé
par toi ou par quiconque, mais uniquement pour
le Visage Sublime ".

t moi, ô ma maîtresse, ému du procédé, je bai-
sai la main du droguiste et son épaule. Puis, après
l'avoir remercié les larmes aux yeux, je pris con-
gé de lui et rentrai, en toute hâte, dans la chambre
en ruine qui me servait d'abri et de maison.

à, je me lavai les mains et la figure, je fis mes
ablutions rituelles, et je récitai la prière de l'asr.
Puis, je m'étendis proprement sur ma couche, et
je versai une dernière larme au souvenir de la fille
de mon oncle, dont j'allais désormais oublier la
tendre et torturante mémoire, grâce au contenu de
mon petit pot.

nfin, après avoir prononcé la formule du Bismillah et récité la divine Fatiha, source des bénédictions, je pris une boulette de la pâte, la goûtai,
et, bien que le goût en fut amer à ma langue, je
l'avalai sans hésiter.

t, en attendant que l'effet désiré se produisit, je
considérai avec attention le vieux petit pot que j'a-

vais acheté, lequel est précisément celui-ci même,
ô ma maîtresse, que je tiens en ce moment, dans
ma main, devant toi.

r, je ne tardai pas à constater que ce très ancien petit pot était un de ces vestiges des peuples
disparus dans l'abîme du néant, avec leurs scien-
ces, leur histoire et leur descendance. Et, en l'exa-
minant de plus près encore, je vis qu'il était gravé
de caractères presque effacés, semblables à des
pattes de fourmis et dans une langue indéchif-
frable.

lors moi, sans y prendre autrement garde, et
tout en essayant de me rendre compte de la forme
de ces caractères, je me mis à frotter inconsciem-
ment le fond extérieur de ce petit pot, là où je sen-
tais, sous mes doigts, une aspérité que je recon-
nus être un petit clou d'argent.

t voici que je perçus soudain, à l'intérieur du
petit pot, comme un frémissement, un susurrement,
en vérité, suivi d'un léger crépitement et comme
d'un sifflement. Et le pot lui-même, dans ma main,
fut saisi d'un tremblement.

t moi, ô ma maîtresse, je ne voulus point en savoir davantage, car une frayeur était entrée en
mon âme, et je déposai vivement le vieux petit pot
à terre, le plus loin possible de mon grabat.

91

Or, à peine avais-je accompli ce geste, que le couvercle du pot sauta de lui-même et alla heurter le plafond de ma chambre. Et une fumée commença à s'échapper de l'intérieur, que je crus être celle de la pâte de haschisch qui aurait brûlé. Or, pas du tout.

Cette fumée, ô ma maîtresse, d'abord légère, devint d'une densité et d'une épaisseur extraordinaires et peu à peu se transforma en une sorte d'ombre consistante, qui, à son tour, se mua en une forme noire, laquelle finit par devenir un spectre effroyable. Et de ce spectre sortirent deux bras, deux jambes, un tronc et une tête, et aussi tous les accessoires d'un corps nu, mais énormes et gigantesques comme les accessoires de l'éléphant. Et cet être surgi du pot était d'un aspect détestable quant à son image, et effroyable quant à sa forme et son visage. Et vociférant et crachant, il me criait, avec un accent d'un autre monde :

« Labbaïka ! Labbaïka !

« Abdouka baïn iadaïka !»

Et comme j'étais paralysé d'effroi et ne bougeais pas, il me hurla plus fort encore sa formule, et ajouta : « Mais réponds-moi donc, ô fils d'Adam, réponds-moi donc ! »

Or moi, ô ma maîtresse, n'ayant guère appelé cet

être là, et ne m'attendant pas à sa venue, non seulement je ne sus que lui répondre, mais je m'aplatis davantage dans mon matelas, et le regardai avec les yeux de l'épouvante, ma langue collée à mon palais et mes mâchoires claquant sur mes dents. Et l'habitant du pot me considéra un instant de son unique œil flamboyant, et, hurla à nouveau :
" abbaïka ! Labbaïka !
" bdouka baïn iadaïka !"
Alors, moi je finis par comprendre, malgré l'excès de ma terreur et l'accent étranger du géant, que ces mots signifiaient bien : "L'esclave le voici ! le voici ! Entre tes mains il est ici !"
Puis il ajouta : "Ah ! tu frottes dur quand tu frottes ! Tu sais pourtant bien que je suis attaché au clou d'argent du fond du pot, et que je suis l'esclave de ce clou !"
Alors je vis bien que j'avais à faire à un puissant Genni d'entre les Genn de dessous terre, de la race de ceux qui avaient été enfermés, par Suleïmân, dans les grands vases marins et dans les vieilles poteries enfouies dans les ruines antiques.
Mais il continua à vociférer disant : "Me voici ! Me voici ! Tu m'as fait manger de la pâte d'oubli, et je deviens le Genni de l'Oubli. Parle vite ! Que me veux-tu ?"

Or moi, par Allah, ô ma maîtresse, je n'avais
qu'un désir, c'est qu'il disparût de devant mes
yeux. Et, ma frayeur étant arrivée à ses limites,
mes reins avaient faibli et s'étaient relâchés, et,
comme les tout petits enfants, je mouillai sous moi
ma chemise, entièrement. Mais lui, sans pitié pour mon état, continuait à
me crier : "O maître de ce pot et de ce clou, dont
je suis l'esclave et l'habitant, tu fais éclater d'im-
patience ma vésicule ! Et je te préviens que, si tu
ne me donnes pas d'ordre à l'instant, je me rébel-
lerai contre toi, maintenant que me voici détaché
du clou. Et je ferai entrer ta longueur dans ta largeur, à cause de cet inutile dérangement et de ce
dur frottement. Et tu goûteras, sans recours, la
mort rouge ! " Et moi, à ces paroles, je fus à la limite de la perplexité. Mais, pour éviter la mort rouge ou l'écra-
sement par les mains affreuses de ce Genni du
Clou, je rassemblai les forces de mon courage, et
je pus à grand peine articuler ces mots :
"O roi des Genn et leur couronne ! je voudrais
changer de chemise". Lorsque le Genni eut entendu ces paroles, il fut
pris d'un tel rire qu'il se convulsa et se trémoussa
et finit par tomber à la renverse sur son derrière.

Et lorsqu'il put de nouveau parler, il me dit : "O
maître du pot et de son clou, ton désir est, en vérité, un fort surprenant désir. Ne sais-tu pas que,
grâce à ce clou, tu es devenu l'homme le plus for-
tuné de tout l'empire des Abbassides ? Mais je ne
puis que t'obéir. Dis-moi donc en quelle étoffe tu
veux cette chemise, et de quelle couleur. Car, en
tout, il faut de la précision ".
Or, moi, si j'avais demandé cette chemise, c'était
uniquement pour changer celle que, dans ma terreur, j'avais mouillée. Mais, comme il réclamait de
la précision, je lui dis : "Il y a, dans le Souk des
Soieries, une chemise pendue à la devanture du
marchand Mustapha Tourki. C'est une chemise de
soie, couleur amarante, aspect subjugant, de pro-
venance chinoise ".
Et le Genni me dit : " La voici ! " Et il fit, avec la
main un geste à travers l'air, il attrapa au vol
quelque chose qu'il me présenta en me disant : " A
tes ordres ! " Et la chemise fut entre mes mains.
Et moi je me hâtai de m'en revêtir, et je remer-
ciai le Genni qui me dit d'un ton redevenu cour-
roucé : " O maître du pot, je vois que tu n'as encore rien compris à mes offres de service. Aurais-
tu, par hasard, l'intention offensante de ne plus
rien me demander, en dehors de cette misérable

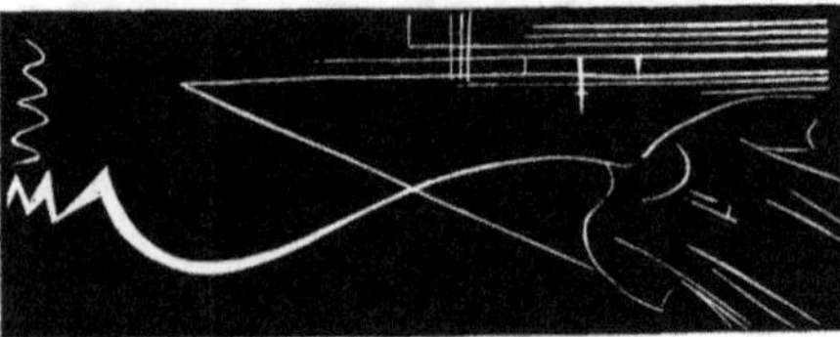

chemise dont on ne devrait se servir que comme
un chiffon de cuisine ? Sache que voilà des siècles
que je suis enfermé dans ce pot, sans pouvoir en
bouger. Et tu me délivres en oubliant qu'il faut
que je me dégourdisse les jambes. Par les mérites
de mes frères les Genn, les Henn, et les Benn ! Ce
n'est guère le moment pour toi de te retirer dans
le coin du renoncement. Parle donc et demande-
moi tout ce que peut souhaiter ton âme. Mais sache que le peu est plus difficile à obtenir que le
beaucoup. Et la peine que l'on prend pour obtenir
le peu est infiniment plus grande que l'effort pour
acquérir le beaucoup. Donc, ne crois pas me re-
buter par le beaucoup. Au contraire ! Plus tu me
demanderas, mieux tu seras servi ".

ces paroles qui renversaient mes idées sur les
choses de ce monde et de l'Au-delà, je fus émer-
veillé à la fois et tranquillisé. Et je me levai sur
mes deux pieds, dans ma chemise amarante, je ten-
dis mon bras vers le Genni, en un geste péremp-
toire, et je lui criai d'un ton sans réplique : "O esclave du clou et du maître du clou, donne-moi
l'oubli du passé, et donne-moi le bonheur dans le
futur."

ais le Genni me répondit : "O mon maître, tu
as excellé ! Mais le bonheur varie suivant le dé-

sir, et le désir varie suivant l'instant. Formule donc ton désir du moment." t, comme il me voyait hésitant, il ajouta : "Je vois à présent que tu n'as guère eu l'habitude du choix. Ecoute-moi donc ! Que dirais-tu, par exemple, d'un ou deux palais féeriques, avec leurs meubles et leurs serviteurs, entourés de jardins grands comme des royaumes ? Jouvenceaux et jouvencelles d'une beauté de lune t'y serviraient avec leur âme et leurs yeux. Et tu coulerais là des jours suaves et des nuits de délices. Et quelles boissons ! Et quelles nourritures ! Et, pour tes nuits, quelles voluptés !" Et je m'écriai : "Ia Allah ! Ia Allah ! O mon merveilleux destin ! Me voici prêt ! Me voici prêt !" Et le Genni me répondit : "Oui. Je dois seulement te prévenir que lorsque le Destin nous met au service des humains, nous prenons toujours la précaution de leur faire une défense. Telle est la coutume depuis la Création. Or, la défense que je suis obligé de te faire c'est que, une fois sorti de cette ville de Baghdad, et installé dans tes palais, au milieu de ton peuple de houris et de serviteurs, tu ne dois plus songer à rentrer dans ta ville natale. Et si, même dans le secret de ton cœur, tu venais à manquer à cette défense et à cet engagement, tout ce qui serait de-

97

venu la propriété de ta main, deviendrait comme
s'il n'avait jamais été !"
Et moi, sans plus hésiter, je répondis : "Il n'y a
pas d'inconvénient ! Et quel motif aurais-je de
vouloir rester dans une ville où je n'ai connu que
deuil et pauvreté ? Donc, ô Genni du Clou, agis et
réalise ! Et partons, à l'heure et à l'instant, pour
mes domaines et mes palais."
Alors le Genni avec tous les signes du contentement et de l'approbation me répondit : "J'écoute
et j'obéis !" Et il se courba et me souleva délicatement, et me plaça à califourchon sur son épaule
gauche. Et, je me disais: "Heureusement que j'ai
changé de chemise ! Sans quoi, il aurait senti ce
qu'il aurait senti. Et dans quelle fureur il serait
entré !"
Mais lui, dès qu'il m'eut placé de la sorte sur son
épaule, sans même prendre la peine de passer par
la porte, il sortit avec moi par le milieu du plafond. Et, arrivé sur la terrasse, je le vis qui se
gonflait du ventre, et devenait, en un clin d'œil,
du volume d'une coupole. Et, arrivé à cet état, il
s'éleva dans les airs.
Et, après un voyage aérien de plusieurs milliers
de parasanges, qui ne dura que le temps de fermer et d'ouvrir les paupières, il me déposa dou-

cement devant le portail d'un palais de rêve. Puis il s'inclina devant moi, fit quelques pas à reculons en signe de respect, et, soudain, se mit à se dégonfler à grand bruit, par pétarades, avec grimaces affreuses et contorsions, puis à diminuer et à se rétrécir dans tous les sens. Après quoi, ses bras, ses mains et sa tête rentrèrent dans son tronc, ses pieds et ses jambes rentrèrent dans son dessous, ses énormes accessoires se replièrent et rentrèrent dans son ventre, et le tout se métamorphosa en une spirale fort dense de fumée, laquelle, à son tour, se condensa et s'arrondit en une petite boule légère et bondissante qui, brusquement, disparut à mes yeux, sans qu'il me fût possible de savoir si cette petite boule était remontée dans les airs, ou si elle s'était enfoncée en dessous terre, ou si, tout simplement, elle n'était pas rentrée dans mon vieux petit pot, où je venais de sentir comme un petit claquement.

Et voilà pour ce qui est du Genni du Clou.

Quant au palais féerique où je venais d'aborder, c'était précisément mon palais d'été. Et il était construit sur le sommet d'une montagne, d'où l'on avait le spectacle de tout l'infini des terres et de la mer. Et ce palais était entièrement en précieux matériaux apparents, et les blocs en étaient par

assises alternées d'or rouge et d'or blanc, avec des ornements légers en pierre de jade, pierre de jaspe, agathes et lapis-lazuli. Et de hautes colonnes de porphyre, incrustées de fleurs et de feuillages d'émeraude, encadraient le grand portail. Et, sur le linteau de l'entrée, mon nom, à moi pauvre forgeron, était gravé en lettres de diamant, au dessous de l'invocation au Dispensateur de la fortune.

t ce palais était entouré de pelouses et de jardins suspendus, miracles de verdure et de fraîcheur. Et les arbres de ces jardins laissaient pendre leurs fruits délices soit par grappes, soit par couples, à point de maturité ou confits dans le sucre candi. Et les hautes frondaisons s'étageaient tout le long de larges allées, qui, par pente insensible, descendaient, sur des centaines de parasanges, et s'ouvraient sur la mer. Et là, sur le sable d'argent, au doux bruit de l'eau et devant le sourire des vagues, s'élevait mon palais d'hiver, lequel était entièrement d'améthyste.

uant à l'intérieur de mes deux palais, ô ma maîtresse, ma langue deviendrait poilue avant de pouvoir en décrire la beauté. Là dedans ma solitude était ornée par la présence de jouvencelles de choix, perles éparpillées, que je pouvais cueillir à mes heures, selon mon désir et à ma fantai-

101

sie. Et de tendres jouvenceaux, visage doux et
joues polies, étaient attentifs aux moindres de
mes gestes et m'accompagnaient de loin dans mes
promenades. Et ils n'apparaissaient de derrière
les arbres que lorsque je levais le doigt pour les
appeler. Ils accouraient alors pour exécuter en silence mes ordres, m'offrir des rafraîchissements,
me réciter les vers des poètes ou me charmer par
leur belle voix et la musique des instruments.
Et cette vie de délices et de volupté, ô ma maîtresse, durait pour moi depuis un temps qu'il m'est
impossible de calculer, et je mentirais si je comp-
tais par jours, par mois ou par années. Mais ce que
je sais bien, et que je ne saurais jamais oublier,
c'est qu'un jour - ô jour calamiteux de poix et de
goudron ! - la pensée de ma ville natale me traversa soudain l'esprit, et mon âme, au lieu de re-
pousser cette pensée, fut prise du violent désir de
revoir, je ne sais trop pourquoi, la misérable demeure de mon ancienne pauvreté.
Or à peine cette pensée eut-elle pris forme dans
mon cœur consentant, que je me sentis secouer et
soulever avec une frénésie et une brutalité si grandes que, du coup, le monde tournoya autour de
moi, et je perdis toute notion et toute connaissance.
Mais lorsque je revins à moi de cet évanouisse-

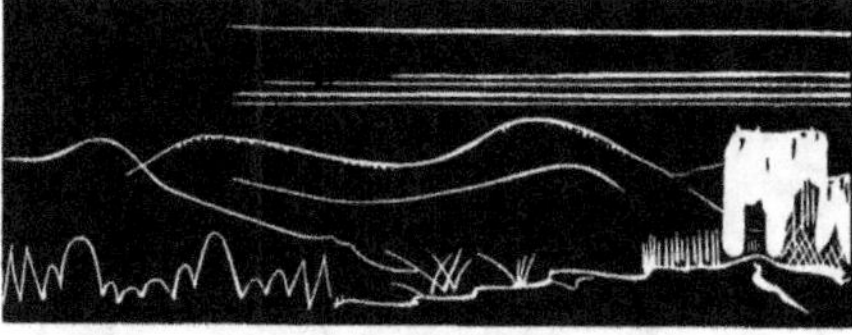

ment, je me retrouvai étendu sur mon vieux grabat, dans ma pauvre chambre en ruine. Et je me vis revêtu de mes vieilles hardes d'autrefois, d'avant la merveilleuse aventure avec, comme vêtement de dessous, ma chemise encore mouillée par l'effet de ma terreur du Genni du Clou. Et je tenais toujours à la main le vieux pot en bois de senteur que voici, encore rempli de la pâte de haschisch, de laquelle il ne manquait que juste la dose de la boulette que j'avais absorbée. Et c'est là tout ce qui me reste comme souvenir de ma vie de splendeurs et d'émerveillements.

Depuis lors, ô ma maîtresse, je n'ai cessé, sans me décourager, de frotter le clou de ce vieux petit pot, dans l'espoir de voir en surgir son habitant le Genni de l'Oubli. Et bien qu'il soit resté jusqu'aujourd'hui insensible à mes frottements, je ne veux pas perdre tout espoir de réussite.

Et tel est le motif, ô ma maîtresse, qui fait que lorsqu'on me parle, par hasard, de changement de chemise, mon destin se présente aussitôt devant mes yeux avec une face de nuit. Et telle est la cause qui fait de moi l'opprimé du chagrin, resserre mon esprit et endolorit mon foie.

Et je n'ai plus rien à te révéler, ô sainte maraboute. Mais Allah est beaucoup plus savant ! "

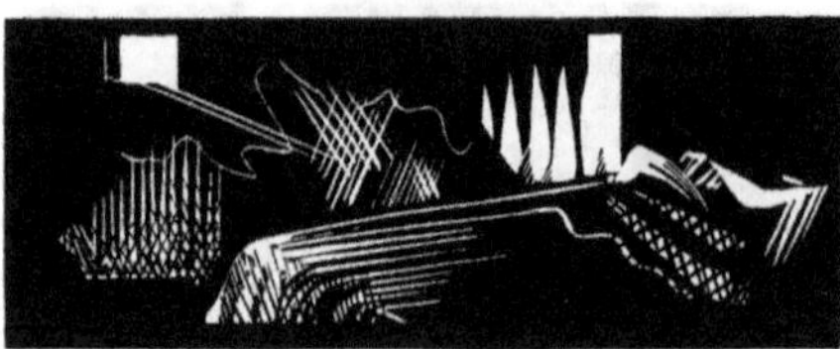

orsque le mangeur de haschisch, maître du petit pot, eut fini de raconter de la sorte son histoire,
Omm El-Hôl lui dit :
"O le plus délicieux des haschaschîn de l'Irak et
de l'Arabie, ô le plus merveilleux visionnaire de
la drogue d'oubli, ô maître de la finesse et des
belles paroles, ô forgeron de délices ! Je jure, par
les mérites du Prophète - sur Lui les faveurs de
choix et le salam ! - que si Allah veut, c'est toi
que je choisirai, avant même que l'aurore ait lui
sur nos têtes, pour mon commensal et mon compagnon inséparable. Et je ferai en sorte, inschallah ! que tu ne regretteras plus les splendeurs perdues et les merveilles entrevues. Car ton histoire
m'a dilaté le cœur et épanoui l'entendement, ô si
pauvre de biens et si riche de dons. Et tu es un
prodigieux haschasch et un délicieux personnage,
indubitablement".
r à peine Omm El-Hôl avait-elle fini d'expri-
mer de la sorte son enthousiasme au conteur, maître du petit pot de haschisch, qu'un grand mouvement se produisit dans l'Assemblée des invités.
Et l'on vit deux gardes de police pénétrer vivement dans la salle, s'approcher de leur maître le
Préfet de Police, Fléau-des-Souks, et lui raconter
quelque chose à l'oreille. Et les voisins les plus

proches les entendirent prononcer cette dernière
phrase : "Maintenant la maison de Si Mahmoud
et tout le quartier sont en émoi, et c'est le tumulte
de la Résurrection".

Aussitôt Fléau-des-Souks se leva, et aussi le
schahbandar Si Mahmoud se leva, et tous deux
étaient dans une grande agitation. Et, suivis par
les deux gardes, ils sortirent à grands pas de la
salle de fête, par un dégagement réservé aux gens
de la maison.

Tout cela !

Et Omm El-Hôl souriait en son âme et se disait :
"Le nègre Kafour a bien suivi mes instructions.
Et je n'ai plus qu'à laisser les choses courir".

Et voici que juste au moment où Si Mahmoud et
le Capitaine de Police disparaissaient par le fond
de la cour et s'en allaient en toute hâte à la demeure
du schahbandar, un murmure d'admiration se leva de la salle et accueillit l'apparition d'un adolescent, beau comme la lune à son quatorzième
jour. Et c'était Grain de Musc lui-même. Et il se
tenait debout sur le seuil, fort intimidé par tous
ces regards dirigés sur lui et chargés d'admiration.
Et il cherchait des yeux quelqu'un qui pût le pro-
téger contre tant d'émoi.

Aussitôt le maître de céans, Schakalik, se préci-

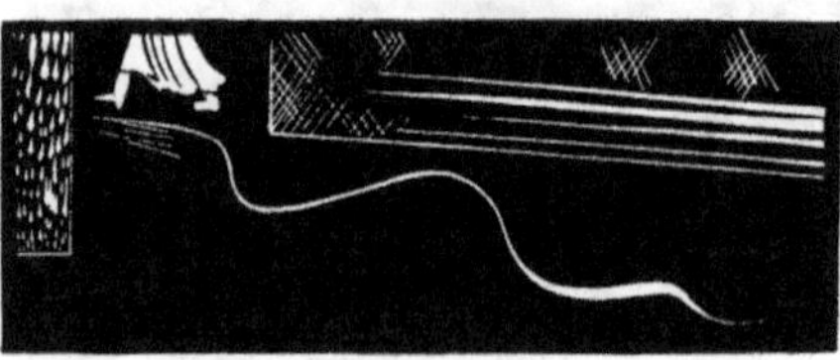

pita au devant de Grain de Musc, en s'écriant :
"Quelle nuit de blancheur sur ma maison, ô mon
adorable seigneur Grain de Musc ! Et quel honneur sur ma tête par ta bienvenue ! Si nous avions
été d'avance prévenus, pour tapis à tes pieds, nous
aurions étendu le pur sang de nos cœurs et les paupières de nos yeux".

t, de tous côtés, les invités s'exclamaient en se
regardant les uns les autres : "Voyez le beau !
Regardez le jeune faon ! C'est l'espèce du Paradis !
Aïe, ô mon foie ! Je me vends pour une rognure
de son petit doigt. O jasmin des cœurs !"

t le tailleur Schakalik, devant un tel délire, fut
pris de scrupule au sujet de la place à offrir au bel
adolescent, pour ne pas l'exposer à un contact trop
gênant. Or, heureusement, Omm El-Hôl le tira
d'embarras, en lui faisant de loin un signe qui signifiait : "Amène-le près de moi, il n'aura rien à
redouter de ces deux qui sont sur mon banc". Et
Schakalik comprit et se hâta de conduire le jouvenceau à la sainte, en le tenant délicatement par
la main, avec autant de précaution que s'il tenait
un lys par sa tige.

ussitôt Omm El-Hôl fit asseoir Grain de Musc
à côté d'elle, et il était bien ému de ce qui lui ar-
rivait. Et le maître du petit pot et le tripier à la

chemise abricot, fort discrets, se levèrent, baisèrent la main d'Omm El-Hôl et s'en allèrent en
leur voie.

e son côté le tailleur Schakalik, pour détourner
du jouvenceau les regards trop passionnés, pria
les musiciens de jouer avec entrain, et, en même
temps, introduisit sur l'estrade les lutteurs, les fu-
nambules, les timbaliers, les charmeurs de serpents et les baladins dont les invités espéraient la
venue, depuis le commencement de la fête.

lors Omm El-Hôl, pendant que sur l'estrade
commençaient les jeux, les tours et les gambades
de ces habiles amuseurs, se tourna vers l'adolescent et lui dit : "Ne me reconnaîs-tu pas, ô prunelle de l'œil ?" Et Grain de Musc répondit : "O
ma tante, par Allah ! je ne connais de toi que ta
sainteté". Elle dit : "Laisse donc ma sainteté de
côté, ô mon fils Grain de Musc. Pour toi je suis
simplement la mère de Sucre d'Amour. Et je ne
suis venue ici que pour faciliter les voies de l'union
de deux adorables amants. Et tout marche maintenant selon nos désirs. Et tu n'as plus à craindre
aucune opposition de la part de Si Mahmoud, ton
père, ni rien à redouter de la part du Préfet de
Police, Fléau-des-Souks, père de la jeune Fahima.
Et je suis en train de tout combiner sans bouger

d'ici, pour la meilleure des solutions ".

t Grain de Musc, les yeux baissés répondit : "O mère de Sucre d'Amour, que dois-je faire pour mériter tant de dévouement de ta part et tant de soins ? " Elle dit : "Vis heureux, mon agneau ! Mais tout à l'heure voici ce qu'il te faudra faire. Tu profiteras de ce que l'attention de l'assistance sera tout à fait retenue par les tours de ce charmeur de serpents qui est sur l'estrade, pour t'échapper d'ici sans être remarqué. Et tu te rendras aussitôt, malgré l'heure avancée, jusqu'à ma maison. Tu entreras dans le jardin par la porte de derrière, et là, ô Grain de Musc, tu trouveras à la fenêtre celle qui t'attend soupirante et palpitante, et dont le désir est sur toi. Et moi je termine ici une affaire dans ton intérêt, et je ne tarderai pas à vous rejoindre tous deux, pour que votre union devant le Kadi et les témoins, soit un fait accompli avant l'aurore ".

t Grain de Musc à la limite de la joie, prit la main d'Omm El-Hôl et la porta à ses lèvres et à son front, tandis qu'elle se levait et vivement disparaissait dans la direction de la salle réservée aux femmes. Et il se prépara à attendre tranquillement le moment favorable pour faire ce que venait de lui recommander la mère de sa fiancée Sucre d'Amour.

108

uant à Omm El-Hôl, elle ne fit que traverser la salle des dames invitées, et, de loin, d'un clignement d'œil qui signifiait : "Viens vite !" elle appela l'adolescente Fahima qui n'attendait que sa venue pour se lever et partir. t elles arrivèrent ensemble à la grande sortie qui donnait sur l'impasse pavoisée. r, au moment où Omm El-Hôl sortait de la maison de la circoncision, en tenant par la main la jouvencelle, elle rencontra le Sacrificateur préposé au Sacrifice Rituel par quoi devait se clore la fête. Et il s'apprêtait précisément à égorger sur le seuil de la demeure, un jeune buffle acheté et engraissé, depuis trois mois, en vue de la cérémonie. ussi dès que le Sacrificateur vit Omm El-Hôl, qu'il prenait pour une sainte cheikha douée d'influence bénéficiante, il prononça la formule propitiatoire : "Bismillah !" et leva au-dessus de sa tête le couteau du sacrifice. Et d'un coup il l'enfonça dans la gorge de la victime, sur le passage de la sainte. Puis il recueillit, dans sa paume droite, le premier flot de sang qui jaillissait, et l'offrit, d'un geste rituel, à Omm El-Hôl, en disant : "Veuille accueillir les prémices, ô walia d'Allah". t Omm El-Hôl, que la vue et l'odeur du sang

chaud avaient immédiatement mise en état de
transe, trempa son index dans le sang fumant, et
se hâta de tracer avec ce sang, sur le haut de sa
robe, à la place même du cœur, une figure à cinq
angles aigüs. Puis elle trempa à nouveau son doigt
dans la paume du Sacrificateur, et traça sur le
cœur de la jouvencelle, sa compagne, le même signe sanglant. Puis elle poussa doucement la jeune
fille vers la sortie. Et elles disparurent toutes
deux dans les ténèbres. Or, Omm El-Hôl se sentait maintenant dans cet
étrange état de transe provoqué par la vue du
sang et son odeur. Et, cet état, elle le connaissait
bien, et ne pouvait, quand il se déclarait en elle,
lui échapper. Et elle serra le bras de la jouvencelle passionnément, et lui murmura à l'oreille
d'une voix qu'étranglait une intense émotion :
"O charmante enfant, avant de nous rendre où
nous devons aller pour la solution, je vais d'abord
te conduire chez la Grande Vizira du Zar, une
femme illustre dans l'Islam. Car il faut que nous
calmions l'Efrit qui habite chacune de nous, nous
les femmes, et qui nous fait tantôt souffrir et tantôt jubiler, qui nous jette dans les spasmes de la
volupté ou dans les tourments du désir. Et quand
nous sommes ainsi ployées sous l'étreinte de no-

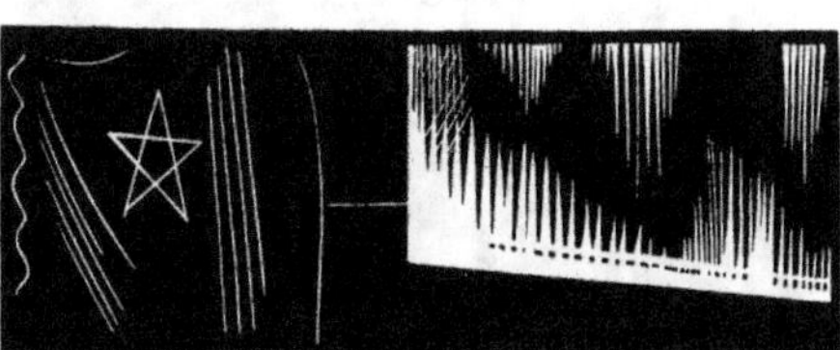

tre Efrit, nous sommes sous son emprise et nous
dépendons de son humeur du moment. Et justement, à cette heure, l'Efrit me tourmente à ton sujet,et je ne vais chez la grande Vizira du Zar que
pour calmer cet Efrit. Et, par la même occasion,
je t'initierai aux mystères de notre rite et de notre
foi de femmes. Et, toi, laisse-toi faire, en te fiant
entièrement à la science de la dame du Zar, et en
te livrant à ses exigences, si elle en manifeste. Car
ce seront les exigences de l'Efrit particulier dont
tu es possédée, comme je suis possédée par mon
Efrit particulier. Et il va se manifester à toi dès
ton initiation à notre rite". Et, parlant ainsi à la tremblante enfant, elle s'en-
gagea avec elle dans une venelle perdue, d'où l'on
entendait se lever sourdement les battements des
tambours du Zar. Et elles arrivèrent devant une
porte massive entièrement bardée d'énormes
clous de fer. Et elle heurta d'une certaine façon, par coups es-
pacés, à cette porte qui, aussitôt s'entrebailla juste
assez pour les laisser passer, puis se referma
d'elle-même, sans faire le moindre bruit. Et la jeune fille sentit qu'elle entrait d'emblée
dans le cœur des rites les plus secrets transmis
par l'antiquité des âges, et dans le cœur des mys-

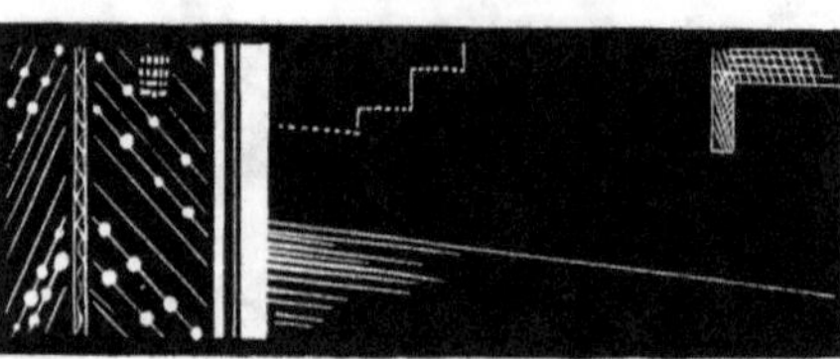

tères redoutables et insoupçonnés. Et, tout entière
déjà sous l'emprise de son experte et dangereuse
compagne, et toute tremblante d'angoisse à la fois
et de curiosité, elle accepta pleinement l'inévitable.

Et, dans une grande salle, à peine éclairée par
une veilleuse, une dame, d'un âge incertain, et
dont on ne pouvait, dans cette pénombre, détail-
ler la physionomie, était accroupie devant un
grand réchaud de cuivre rouge d'où montaient les
émanations de l'encens mâle et des bakhours. Et
l'on entendait, venant d'invisibles tambours et de
daraboukkas, sur une mesure envoûtante, de cinq
temps syncopés, les battements rythmés qui plai-
sent aux Esprits du Zar.

Et la dame accroupie, sans accorder la moindre
attention à l'entrée des deux visiteuses, se pencha
sur le grand réchaud, et se mit à aspirer, par longues aspirations, les fumées enivrantes. Et, de
temps à autre, elle présentait à cette fumée ses
aisselles et la paume de ses mains. Mais, au bout
d'un moment, elle se leva brusquement sur ses
deux pieds, comme mue par une force insurmon-
table ; et une légère écume apparaissait à la commissure de ses lèvres. Et comme les invisibles
tambours accéléraient leur rythme hallucinant,
elle se dirigea délibérément sur la jeune fille, la

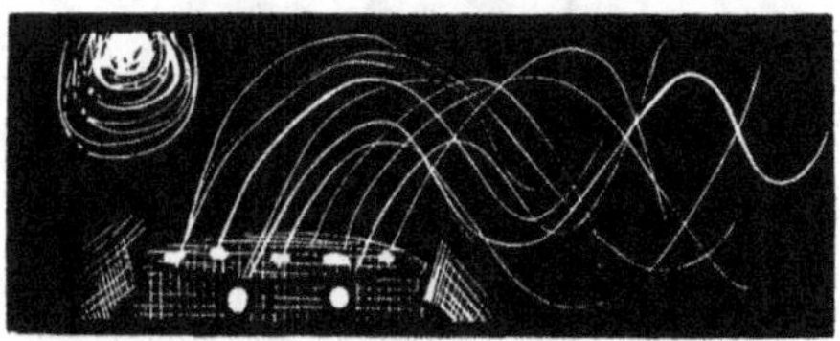

saisit aux poignets, et la regarda fixement dans les yeux. Puis, sans desserrer la meurtrissante étreinte, elle l'attira violemment à elle, l'entraîna près du réchaud fumant, et là, après avoir emprisonné le réchaud sous les robes de la jouvencelle, elle fit pénétrer la purifiante fumée jusque dans sa plus profonde intimité.

Alors, elle s'assit et prit dans son giron la jouvencelle angoissée, la ploya en deux et se mit à lui presser la tête et le front, à lui masser les omoplates et les bras, et à faire tourner ses membres dans leurs jointures. Après quoi, elle lui fit craquer toutes les articulations des doigts et des orteils, et, de ses deux paumes, elle lui fit une imposition sur le cou, sur les yeux, sur la nuque et sur l'ombilic.

Et soudain, l'étrange Vizira du Zar souleva la jouvencelle, qui palpitait comme un oiseau, et la mit debout, et lui souffla à l'oreille ce seul mot : "Va !"

Alors la jouvencelle, qui avait senti couler dans ses muscles un fluide réchauffant, et entrer dans son corps une force qu'elle ne connaissait pas, se tint d'abord immobile, visage pâle, yeux en extase, âme dominée par une autre âme, corps visité par un Esprit inconnu. Et, tout d'un coup, au rythme

invincible, envoûtant, de l'invisible musique, elle
tournoya dans la salle, les bras ramant dans l'air,
haletante, échevelée. Puis, courant ainsi, elle se
projeta en l'air, ne s'appuyant plus à terre que sur
sa seule main droite. Et elle décrivit, avec son
corps tendu dans l'espace, une large parabole,
avec l'équilibre impeccable des plus expertes ba-
ladines. Et, trois fois, elle tourna ainsi sur elle-
même, alors que les daraboukkas accéléraient
leurs vibrations sur un rythme de démence et de
frénésie. ais elle se remit debout, arracha d'un geste ses
vêtements et sa chemise, et jaillit de ses robes
avec sa chevelure déployée sur sa nudité de jasmin. Et son jeune corps était secoué d'une étrange
volupté, et traversé par les frissons et les remous
qui naissaient et montaient de ses profondeurs.
Mais comme si ce dernier effort l'eût épuisée, elle
s'écroula soudain sur le tapis, dans sa beauté nue
et sa chevelure. u même moment, toute musique se tut, le silence seul régna, la veilleuse s'éteignit, et, à la faveur
du seul rougeoiement du réchaud magique, une
ombre de femme vint s'allonger aux côtés de l'a-
dolescente étendue. r, ce qui suivit est du domaine du Zar et de son

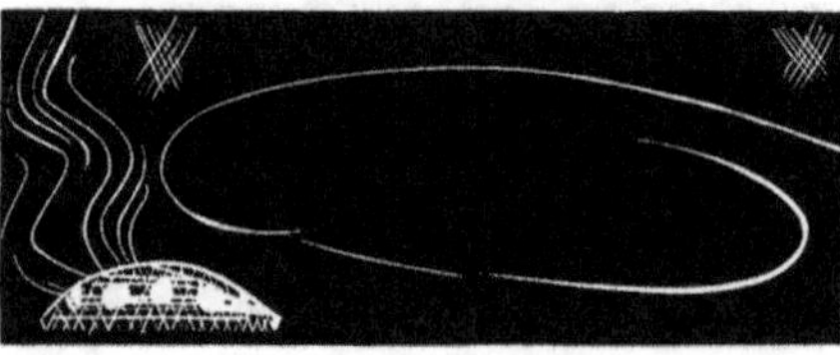

mystère, et du rite des seules initiées. Et il n'est
guère loisible aux ignorants de le révéler. Et
seules les Amies peuvent en parler aux Amies. Et
les lèvres de celles qui savent sont à jamais scel-
lées, par le Serment d'Amour, pour celles qui ne
savent pas. Et Allah est le seul savant qui puisse,
en ce mystère, différencier le licite d'avec l'illicite,
et faire la part du vice et de la vertu. Et tout
autre jugement que le sien est à base d'ignorance,
et reste entaché d'erreur et de témérité.

t lorsque se termina ce mystère, Omm El-Hôl
se leva, et souffla doucement sur le front et sur
les yeux de sa jeune amie, en prononçant les Mots
Revivifiants. Et les choses redevinrent ce qu'elles
étaient auparavant. Et la jeune fille s'assit sou-
riante et reposée. Et Omm El-Hôl lui passa aux
chevilles deux bracelets Kholkals en argent con-
sacré, et lui dit : "O Fahima, ceci est le gage de
nos fiançailles. Et ces bracelets qui enserrent tes
chevilles enserrent ta foi et ton engagement". Et
la jouvencelle répondit : "Certes, j'engage entre
tes mains ma foi. Et je suis maintenant ta chose et
ta propriété, et la vendue volontaire de ta grâce".
Et Omm El-Hôl, comme ultime réponse, la serra
contre elle, et la baisa longuement sur les lèvres.

uis elles sortirent toutes deux dans la fraîcheur

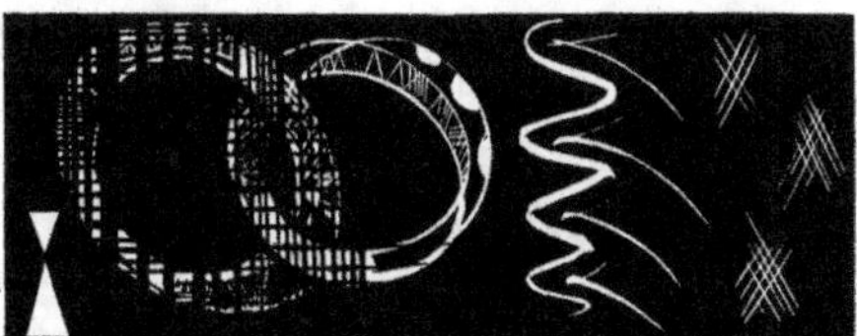

de la nuit finissante. Et, se tenant par la main
comme se tiennent les Amies, elles se dirigèrent
vers la demeure du schahbandar des marchands,
père de Grain de Musc.

t voilà pour ce qui est des rites du Zar, et des
mystères des initiées du Zar.

uant à Omm El-Hôl et à sa nouvelle amie, à
peine furent-elles parvenues à l'entrée de la Place
des Palmiers où s'élevait le palais du schahbandar, qu'elles entendirent des cris et des vociféra-
tions, et virent, dans un grand mouvement de désordre et de bruit, un attroupement considérable
de voisins et de voisines du quartier, aussi bien
sur la place qu'autour de la demeure de Si Mahmoud, Et tout ce monde, malgré l'heure avancée
de la nuit et l'approche de l'aurore, était sorti
des maisons pour voir ce que pouvait bien être
l'affaire. Et les gardes de police, en grand nombre, pouvaient à peine contenir cette foule surexci-
tée. Et, comme pour ajouter encore à ce tintamarre assourdissant, des enfants avaient suivi
leurs parents, et frappaient en mesure sur des
boîtes, en criant : "On l'attrapera ! On l'empalera !
On l'enterrera !"

t Omm El-Hôl dit à son amie : "Je crois bien
qu'il s'agit de la sainte maraboute que j'ai été. Ce

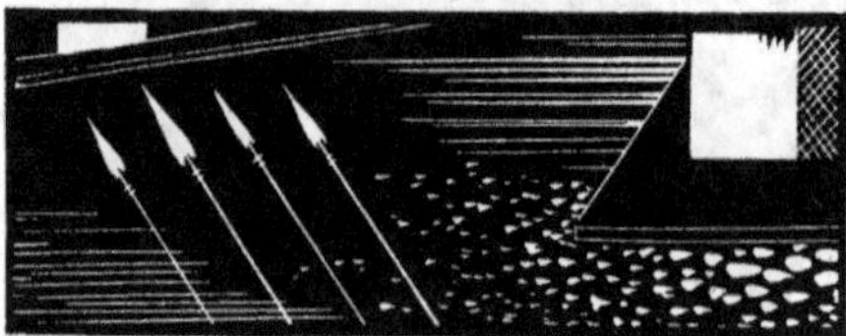

n'est pas le moment de paraître là avec mon accoutrement ". ▌◀▐▶ ◀▐▚▜▐ ▒░▓ ▐▒░▓

▌t, profitant de l'obscurité de la ruelle où elle se trouvait encore, elle se dépouilla vivement du reste de son déguisement, et elle apparut telle qu'elle était réellement : une dame d'âge, mûre assurément, mais pleine de fraîcheur, d'attirance et de séduction, et habillée comme les femmes des notables et des dignitaires. ▌▞▚▞ ▞▚ ▐

▌uis elle dit à la jeune fille : "Maintenant que je ne suis plus la sainte cheikha qu'on veut enterrer, traversons tranquillement la place, et allons où nous appelle l'action ". ▌▲ ▚▚ ▲ ▐

▌t elles se faufilèrent toutes deux dans la foule compacte, et pénétrèrent à l'intérieur du palais de Si Mahmoud, père de Grain de Musc. ▐ ▀▐

▌r, au moment même où elles franchissaient le seuil de ce palais, trois personnages, vêtus comme sont vêtus les riches marchands, arrivaient sous ce même porche, venant de l'autre bout de la place. Et c'étaient le Khalife Haroun Al-Raschid en personne, son grand vizir Giafar le Barmakide, et son porte-glaive Massrour, l'exécuteur des sentences de sa Justice. ▌▞▚▞▐ ▀ ▐

▌n effet, cette nuit là, le Khalife avait senti sa poitrine oppressée par les fatigues de l'expédition

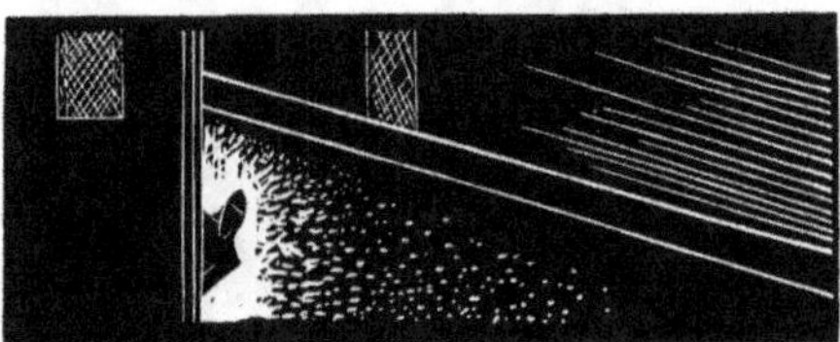

et les soucis du royaume, et il s'était déguisé selon son habitude, et était sorti de son palais, pour
parcourir les rues de sa capitale, et voir si la sécurité y régnait toujours, si les veilleurs de nuit veil-
laient, si le désordre et les méfaits étaient répri-
més, et si l'ordre était souverain.

t il avait, de la sorte, dirigé sa promenade vers
ce quartier où habitait son Chef de Police, le capitaine Fléau-des-Souks. Et il fut à la limite de
l'étonnement en entendant le vacarme qui régnait
là, et en voyant, sur cette place, ce qu'il vit. Et,
plein de colère, il dit à Giafar : "En vérité, la cité
de Paix est devenue un repaire de Déments. Et je
ne sais ce qui m'empêche, ô vizir responsable, de
faire sauter ta tête de sur tes épaules". Et Giafar
répondit : "Ma tête appartient à l'Emir des
Croyants, comme rançon et gage de mon dévouement. Mais, ô mon Seigneur, le soin et la sécurité
de Baghdad ont été confié expressément par ta
Grâce à l'ancien chef de bandits, le capitaine
Fléau-des-Souks. Il nous faut interroger le Chef
de la Police et voir s'il peut nous donner quelque
motif valable de ce désordre. Sinon, je veux bien
dú pal pour lui et pour moi." Et Haroun, les sourcils froncés dit : "Entrons et voyons".

t, précédé par son porte-glaive Massrour, et

suivi par le grand vizir Giafar, il pénétra derrière
Omm El-Hôl et sa jeune compagne, fille du chef
de la police, dans cette demeure d'ordinaire si
paisible et maintenant le centre de tout ce tapage
nocturne.
t lorsque le Khalife, sous son déguisement, fut
arrivé dans la grande salle de réception, où tout
le monde était massé, il put constater, là, aux côtés du maître de la maison le schahbandar Si
Mahmoud, la présence de son Chef de Police lui-
même. Mais, au même moment, voici que brusquement, le teinturier Bakbak s'échappa des
mains des gardes qui l'avaient maintenu, à grand
peine jusque là, et se précipita comme un forcené,
sur l'ânier El-Kouz, en vociférant : "Il faut que
je lui arrache le foie et que je le dévore pantelant".
Et il prit l'ânier à la gorge en lui criant : "Je vais
t'abîmer ton bien, ô fils de mille proxénètes, comme tu as abîmé mon bien". Et il lui empoigna à
pleines mains les testicules et les serra avec rage.
t l'ânier se mit à hurler de douleur et à se dé-
mener, pour essayer de se dégager de l'effroyable
étreinte. Mais, comme il n'y parvenait pas, il réus-
sit à saisir, à son tour, les testicules du teinturier,
et à les lui frotter d'autant. Et, pendant un moment, l'un serrant l'autre par cet appendice, les

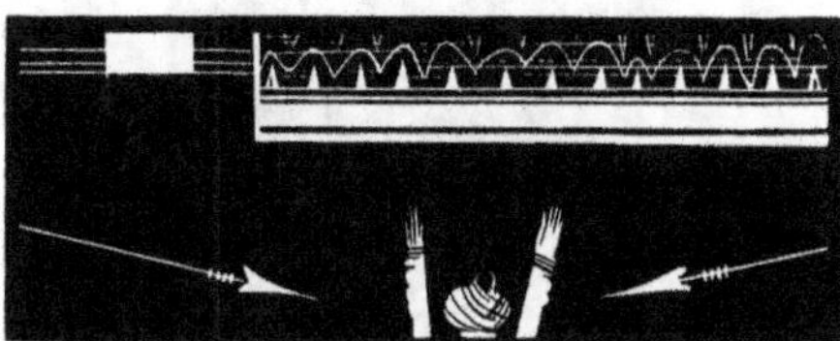

deux lutteurs furent un spectacle aussi terrible
qu'hilarant. Mais à bout de forces, ils finirent par
rouler sur le sol, aux pieds même d'Al-Raschid et
de ses compagnons.

t les gardes accourus purent alors venir à bout
des deux adversaires et les maîtriser. Et Fléau-
des-Souks s'avança vers eux et leur cria : " O pendards, expliquez-moi maintenant le motif pour
lequel vous avez ainsi jeté le trouble dans ce
quartier, depuis le coucher du soleil ".

ais le Khalife Haroun Al-Raschid, en entendant
ces paroles de son Préfet de Police, ne put davantage contenir son indignation. Et, soudain, il releva le capuchon qu'il avait rabattu sur ses yeux,
rejeta de dessus ses épaules le manteau qui le dé-
guisait en marchand, et, se tournant vers Fléau-
des-Souks, lui cria : " Certes, tu as excellé, ô Capitaine, et ta méthode de surveillance est une merveilleuse méthode ".

out cela !

t lorsque ceux qui étaient là virent et compri-
rent que celui-là était l'Emir des Croyants en personne, ils se jetèrent tous à terre, d'un seul mouvement, et se prosternèrent en hommage à la ma-
jesté de l'Imam des Musulmans.

lors Omm El-Hôl, qui était restée seule debout

au milieu de la foule prosternée, s'avança à pas
mesurés vers l'Emir des Croyants. Et elle s'inclina et attendit que le Khalife l'autorisât à parler.
■t Al-Raschid la regarda et lui fit de la tête un
signe imperceptible qui voulait dire : "Parle !"
Et Omm El-Hôl s'inclina de nouveau, mit sa main
droite contre sa poitrine et dit :
"O Emir des Croyants, ô père de l'équité ! Sous
ton règne la justice embaume. Ceux qui ont quatre pieds broutent l'herbe dans la sécurité, ceux
qui ont deux pieds marchent dans la quiétude, et
moi seule, je suis une opprimée. Mais aussi, c'est
moi seule qui pourrai t'expliquer le motif de tout
ce qui est arrivé. Toutefois - et je le jure par la
vie de ta tête sacrée ! - ma langue ne dira plus
une parole, avant que ta main ne m'ait octroyé
le Mouchoir de la Sauvegarde !"
■orsque Al-Raschid eût entendu ces paroles, il
se dit : "Cette dame est éloquente". Et il fut influ-
encé par l'émanation qui se dégageait de sa personne et de ses paroles, et il tira aussitôt de son
sein un mouchoir en soie rouge sur lequel était
inscrit le mot Sécurité, et le jeta dans la direction
d'Omm El-Hôl. Et elle le prit et le porta à ses lèvres et à son front, et s'en couvrit la tête en disant:
"Je me réfugie sous ta sauvegarde, ô sang du Pro-

phète béni ! "

t Al-Raschid, qui savait qu'une dame de haut
rang, comme paraissait être celle qui était debout
entre ses mains, ne pouvait, que pour des raisons
fort graves, se présenter ainsi en public, et demander la sauvegarde, lui dit : "Hâte-toi, ô dame,
que je ne connais pas, de découvrir d'abord ton
visage devant l'Imam, et de me dire ensuite qui tu
es avant toute autre explication".

t Omm El-Hôl se hâta de relever son petit voile
de visage, et Al-Raschid fut subjugué par l'éclat
rayonnant qui illuminait ses traits. Mais voici
qu'Omm El-Hôl parla et dit :
"O Emir des Croyants, si tu ne connais point ta
servante, que de fois elle eut, elle-même, le bonheur de se réjouir le cœur de ton approche bénie.
C'était, autrefois, au haut de la Tour des Pigeons.
Tu as, en effet, en ce moment, sous tes regards, la
veuve de ton serviteur le défunt El-Hadj Manssour".

orsque le Khalife eut entendu prononcer ainsi
le nom de son fidèle serviteur, tombé depuis si
longtemps dans l'oubli, le souvenir lui en revint
intensément à la mémoire, et attendrit à l'extrême son cœur. Et des larmes coulèrent sur ses
joues et le long des poils de sa barbe. Et il mur-

mura à la limite de l'émotion : "Qu'Allah l'ait en
sa miséricorde. C'était le plus loyal des serviteurs
et le plus désintéressé des amis. Mais toi, ô épouse
d'El-Hadj Manssour, parle et ne me cache rien et
il n'arrivera que le bien".
Alors Omm El-Hôl dit :
"Sache donc, ô Emir des Croyants, qu'en ce qui
me concerne, non seulement je suis la veuve de
ton serviteur El-Hadj Manssour, mais je suis, en
même temps, cette vieille cheikha qui perpétra
tout le désordre de cette nuit, et provoqua le scandale de tout ce quartier."
A cette révélation d'Omm El-Hôl un murmure
s'éleva du sein de la foule et le Khalife s'exclama:
"Par le mérite de mes ancêtres, les purs ! Je ne
comprends rien à cette affaire compliquée qui
dépasse l'entendement".
Et Omm El-Hôl reprit :
"Voici l'explication, ô Emir des Croyants. Sache
donc que le destin a voulu que la mort de mon
époux coïncidât avec le départ pour la guerre, dans
les pays du loin, de notre Souverain, l'Imam des
Musulmans. Et, sans doute, les soucis et les res-
ponsabilités avaient fait oublier à notre maître l'é-
tat de la demeure de son serviteur El-Hadj Manssour, où s'était installé le dénûment pour l'épouse

et pour la fille, l'adolescente Sucre d'Amour, cette
bien-aimée de sa famille.
"Alors moi, ô Emir des Croyants, lorsque je vis
que tu revenais de la guerre, dans le triomphe et
la gloire, je me décidai à nous rappeler à ta mémoire. Et je me souvins à propos que notre maître le Khalife avait, avant son départ, choisi, comme Préfet de Police, l'ancien chef des bandits de
Baghdad, Fléau-des-Souks. Car il s'était assurément dit : "Nul ne saura remplir le rôle de gardien de l'ordre mieux que le chef des fomenteurs
du désordre".
'est pourquoi je pensai en mon âme : "Toi aussi,
ô faible femme, tu devrais fomenter quelque insigne désordre de façon à provoquer un scandale
patent. Et la chose parviendra immanquablement
à la connaissance de notre maître l'Emir des
Croyants. Et, lors il arrivera ce qui arrivera. Et
Allah est le plus grand ! Et c'est là, sans aucun
doute, et sans d'autre recours, la seule chance pour
toi et pour ta fille Sucre d'Amour.
"Et je pris immédiatement mes dispositions à cet
effet. Et le destin me favorisa au-delà de mon désir et de mes souhaits. Et je réussis, il hamdou
lillah ! sous mon déguisement de sainte cheikha
maraboutique, à exécuter point par point, le plan

que je m'étais tracé. Et le résultat, qui est ce scandale public, ne fut obtenu que grâce à la destruction par l'ânier El-Kouz de la boutique du teinturier Bakbak, à la rencontre de Bakbak et d'El-
Kouz chez le nègre Kafour, dans cette noble maison de Si Mahmoud, et grâce surtout à l'arrivée
escomptée de notre maître le Khalife dans le
cœur même du désordre".

Et Omm El-Hôl ne s'arrêta de parler que lorsqu'elle eut mis Al-Raschid au courant de toute
l'affaire, y compris son projet de marier Sucre
d'Amour, sa fille, avec Grain de Musc, fils de Si
Mahmoud. Toutefois, elle ne révéla rien de l'initiation de l'adolescente Fahima dans la maison du
Zar. Mais, hormis cela, elle raconta tout ce qui
était arrivé, depuis le commencement jusqu'à la
fin, sans omettre un seul détail, même le récit de
l'aventure merveilleuse du maître du petit pot, et
du tripier à la chemise abricot. Mais il n'y a point
d'utilité à le répéter.

Puis elle termina en disant :
"Et maintenant, je ne souhaite qu'une seule chose,
faire le bonheur de tous ceux-là qui sont ici, entre
tes mains, ô Emir des Croyants, et qui, loin d'ê-
tre mes victimes, me béniront et te béniront durant toute leur vie, à savoir : le nègre Kafour, le

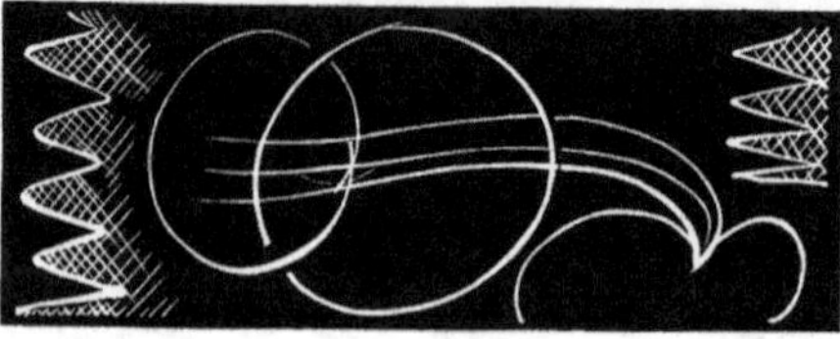

teinturier Bakbak, l'ânier El-Kouz, le Capitaine
Fléau-des-Souks et le Schahbandar Si Mahmoud.
Et je ne parle pas de ceux qui m'aiment et que
j'aime, ma fille unique Sucre d'Amour, son fiancé
le beau Grain de Musc, la charmante Fahima, fille
du Préfet de Police, et enfin ces deux pauvres entre les pauvres, le délicieux mangeur de haschisch,
maître du petit pot, et son compagnon le tripier
à la chemise abricot.
"Et tel est, ô Emir des Croyants, le tenant et l'a-
boutissant de cette affaire, si claire maintenant, et
qui te semblait, à bon droit, si compliquée auparavant.
"Et, en tout cela, je me réclame de la sécurité que
m'octroya, par ce Mouchoir de la Sauvegarde, la
magnanimité de notre Maître, l'Imam des Croyants,
le Vicaire d'Allah et son représentant.
"Et je laisse la parole au maître de la parole. Et
je pose, sur mes lèvres, le cachet du silence".
Lorsque le Khalife eut entendu cette histoire,
qu'il avait écoutée avec surprise, et émerveillement, il sentit sa poitrine se dilater et son esprit
s'épanouir. Et il sourit à Omm El-Hôl et lui dit:
"O épouse de mon défunt ami El-Hadj Manssour,
ô mère de Sucre d'Amour, en vérité, ton esprit,
plus vif que le vif argent, est un sachet précieux

128

qui secrète lui-même ses parfums et ses onguents. Et ton histoire est une merveilleuse histoire, infiniment. Et certes, dès aujourd'hui, elle sera écrite avec de l'eau d'or, par le calam subtil du plus habile entre les chefs de mes Scribes, pour prendre la place qui sied dans les annales du règne et les coffres des archives. Et je jure, par la mémoire de mon ancêtre El-Abbas, l'oncle du Prophète béni, que tout ce que tu as projeté, dans les détails, sera accompli, et tous tes désirs seront exaucés. Mais certes, pas avant que je n'aie vu, de mes propres yeux, la fille de mon défunt ami, l'adolescente Sucre d'Amour. Car je désire, avant son mariage avec Grain de Musc, me déclarer son père adoptif, et que tout le monde la sache ma fille adoptive."

Et Omm El-Hôl dit : "Le maître n'a, pour cela, qu'à accompagner son humble servante, tout près d'ici, jusqu'à notre maison. Et là il verra sa fille adoptive Sucre d'Amour et son merveilleux fiancé Grain de Musc, fils de Si Mahmoud".

Et Al-Raschid dit : "Mais certainement".

Puis il se tourna vers son vizir Giafar et vers Massrour, son porte-glaive, et leur dit : "Faites le nécessaire pour retrouver, sans retard, avant l'aurore, tous les amis de la mère de ma fille Su-

cre d'Amour, sans oublier surtout le haschasch,
maître du petit pot, et le tripier à la chemise abricot. Et leur arrivée est attachée à votre tête. Ouassalam !"

t voilà pour tous ceux-là !

uant à ce qui est d'Al-Raschid, voici :

l se leva aussitôt et dit à Omm El-Hôl : "Mon-
tre-moi, ô ma maîtresse, Omm El-Hôl, le sentier
de la demeure". Et Omm El-Hôl prit l'Emir des
Croyants par la main, traversa avec lui les jardins
du Schahbandar, et, arrivée à une porte basse, elle
en tira le loquet en bois et se trouva, de suite, dans
le petit jardin de sa maison, avec le Khalife qui
était à l'extrême limite du contentement.

t voici que, dès leur entrée dans le jardin, ils
entendirent, dans le silence, deux jeunes voix qui,
par chants, se parlaient et se répondaient. Et ils
retinrent leur souffle et se cachèrent vivement
derrière un grand sycomore.

r la lune, à ce moment, inondait avec douceur
le jardin et la demeure, et le silence était roi, et la
verdure, dans ce silence, bénissait, sans paroles,
par le balancement de ses branches, et l'exhalai-
son de son encens, le créateur de la lune et de la
nuit.

t l'une de ces jeunes voix descendait de l'en-

corbellement de la maison, tandis que celle qui répondait, montait du jardin vers l'encorbellement. Et Sucre d'Amour, comme une étoile au firmament, apparaissait dans l'encadrement, la tête penchée vers son amant. Et sa voix, remplaçant celle du Chantre de la Rose, disait, en chantant, à Grain de Musc, debout et écoutant :

      À l'heure de ce mystère nocturne. ô mon amant, et de ces paisibles assemblées d'étoiles,
      Sous la silencieuse incantation de la lune, voyageuse du sombre palefroi,
      Au milieu du jardin éclairé par ce ciel couleur de turquoise et de diamant,
      Ô Beau, dont la chevelure plus noire qu'un jeune nègre à l'encan, embrouille par ses boucles mon cœur,
      Puissions-nous, réunis comme le cygne à la rivière, être comme Majnoun et Leïla, comme Schirine et Ferhad,
      Sans jamais voir, entre nous, se déchirer la couture de la réunion,
      Ô toi, image à tête ivre, qui as connu que le vrai chemin du cœur, c'est le cœur,
      Ah ! je t'adjure par le silence de l'aube, par la lumière enchanteresse, par le Nocturne

Amant et par la Divine Amie !

"Oh ! je t'adjure par le soigneux vent du matin, par la couleur changeante des saisons, et par tes joues duvetées !

"Oh ! je t'adjure par le roseau musicien, par les oiseaux migrateurs, et par ton corps adolescent !

"Donne-moi vite ta voix, et tu m'auras tout donné, car ta voix qui m'arrive du fond de ton mystère, est toi-même tout entier.

"Et, par elle, j'attendrai que l'amour mette dans ma main le pan de ta robe ou de ton manteau.

"Alors, dans l'ivresse de notre cœur, nous écouterons, l'un près de l'autre, le chant de l'aube et le cri du matin".

Et la jeune voix de Grain de Musc, en réponse, monta vers Sucre d'Amour, son amante, et chanta:

"Ô toi qui nous viens de Saba, avec tous les parfums de Balkis perdue,

"Ô illumination de mes nuits, ô souve-raine des Arabies,

"Féerique enfant dont le corps est plus mystérieux que le Lotus de la Limite,

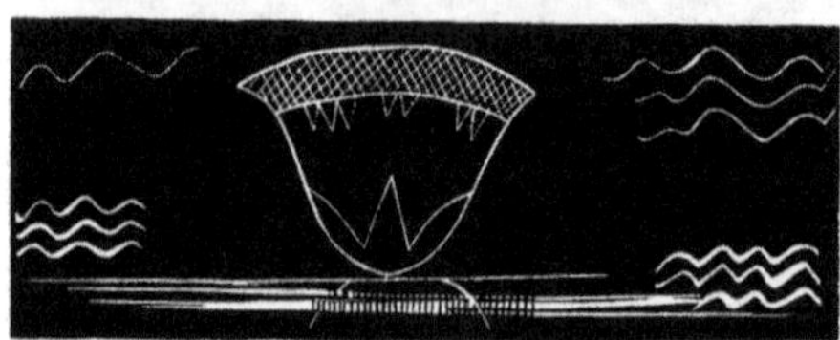

"Ô sœur de l'oiseau chanteur qui chante éperdûment tout ce qu'il sait de naissance,

"Ô tout entière pétrie d'ombre et de clarté, ô jouvencelle !

"Voici que le Dieu d'amour a fixé sa demeure dans le harem secret de ton cœur,

"Et voici que l'amoureux de la rose te respire de loin délicatement, ô rose, alors que les doigts du rustre te saccageraient.

"Ô Beauté pour qui l'on descendrait de l'arbre Sidra, afin de contempler de plus près ta perfection !

"Car tes yeux où se reflètent sans cesse les merveilles, sont deux coupes plus éclatantes que la Coupe Enchantée de Djem, deux miroirs plus révélateurs que le miroir d'Alexandre.

"Pour toi désormais, j'abolirai ma raison, oiseau sans ailes, pour ne garder que ma folie, ce phénix ardent,

"Ô toi, qui nous viens de Saba, avec tous les parfums de Balkis perdue".

Et telles étaient les paroles que se chantaient Grain de Musc et Sucre d'Amour.

Et Al-Raschid, en les entendant, se disait : "En vérité, ce n'est que dans la réserve du Ciel, que le

Dispensateur a réservé un pareil spectacle d'a-
mour." Et, en les regardant, il ne savait plus en
quel endroit du monde il se trouvait, ni s'il était à
l'état de veille ou de sommeil.

ais Omm El-Hôl, qui gardait son calme, malgré toute sa joie, jugea que le moment était enfin
venu, pour que tout s'accomplit selon ses souhaits,
appela doucement par appel sa fille Sucre d'A-
mour, lui disant : " Viens vite, ô plus chère que la
prunelle, hâte-toi et viens ! "

uis elle s'approcha seule de l'endroit où se tenait Grain de Musc et lui dit : "O mon fils, Grain
de Musc, hâte-toi, de ton côté, de nous précéder
dans la maison de ton père. Et nous arrivons de
suite derrière toi. Et tout s'accomplira, inschallah!
avant l'aurore ".

r, quelques instants plus tard, dans la grande
salle du palais de Si Mahmoud, d'où les gardes,
aidés de Kafour, avaient fait sortir tous les cu-
rieux, en ne laissant que les personnages qui, de
près ou de loin, avaient été mêlés à l'affaire, le
Khalife Haroun Al-Raschid, le visage souriant,
était assis sur le grand divan, et égrenait son chapelet d'ambre purpurin. Et il avait à sa droite son
grand Vizir Giafar, et, à sa gauche, son porte-glaive Massrour. Et, en face d'Al-Raschid se tenait

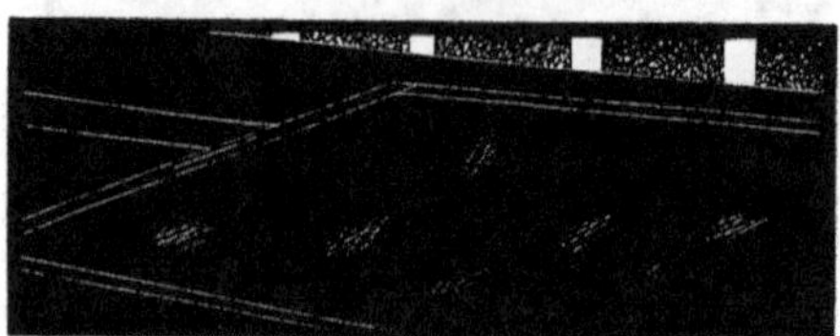

Omm El-Hôl, qui avait à sa droite, l'une à côté de
l'autre, toutes deux voilées du petit voile de visage, sa fille Sucre d'Amour, cette ravissante, et son
amie, la jeune Fahima, cette charmante. Et elle
avait à sa gauche Grain de Musc, le bel adolescent, et le père de Grain de Musc, et le père de la
jeune Fahima, le capitaine Fléau-des-Souks.
t, directement derrière Omm El-Hôl, tous dans
l'attitude du respect et de l'émerveillement, et
deux par deux, l'ânier El-Kouz et son épouse
Zohra, le teinturier Bakbak et le nègre Kafour, le
mangeur de haschisch maître du petit pot, et le
tripier à la chemise abricot.
t, tout à fait à l'arrière plan, debout, couvertes
de joyaux et de robes magnifiques, trois merveil-
leuses adolescentes aux couleurs différentes, yeux
babyloniens, qui, sous la garde de deux eunuques
du Palais du Khalife, venaient d'arriver, spécia-
lement choisies parmi les plus belles jeunes filles
vierges du harem de l'Emir des Croyants.
nfin, un peu à l'écart, et formant un groupe à
part, se tenaient le Grand Kadi de Baghdad, le
Muphti, les témoins avec leurs cachets, et les scribes avec leurs rouleaux et leurs écritoires.
t voici qu'Al-Raschid, ayant fini d'égrener les
quatre-vingt-dix-neuf grains de son chapelet, sym-

bole des quatre-vingt-dix-neuf prénoms-attributs
de la Divinité, roula son chapelet autour de son
poignet et dit à Omm El-Hôl :
"A toi maintenant le choix, ô mère de ma fille
adoptive Sucre d'Amour. Si même tu me deman-
dais les plus hautes dignités réservées aux seuls
hommes, et les plus grands honneurs qu'on accorde qu'aux hommes, je te les accorderais à l'instant. Car, en vérité, y a-t-il quelqu'un dans le
royaume qui puisse t'égaler en finesse et en sagacité ? Parle donc sans crainte, car tu as le droit de
cumuler mes faveurs, autant pour ce qui te revient
de droit que pour ce qui revient à mon défunt serviteur ".
t Omm El-Hôl répondit :
"Je ne souhaite rien d'autre que la longue vie de
notre maître, l'Emir des Croyants. Mais puisque
le choix est laissé à l'humble servante, que l'on
écrive avant tout, le contrat de mariage de Sucre
d'Amour et de Grain de Musc".
t le Khalife dit : "C'est bien mon intention !"
Et il ajouta en faisant signe aux personnages du
fond : "Toi, ô notre Kâdi, avance avec les témoins. Et que les scribes mouillent les calams et
déroulent les rubans ". Puis il dit : "Mais, comme
témoins pour ce couple de cygnes, ne nous fau-

drait-il pas de ces anges qui habitent les confins
enchanteurs de la lune et les Limites du Lotus ?"
Ensuite, il dit aux Scribes : "Hâtez-vous de terminer vos écritures avant l'heure du muezzin matinal. Et voici ce qu'il faut que vous précisiez, pour
le Gardien du Trésor :
"J'accorde à Sucre d'Amour, que j'ai adoptée
avec ma main droite, comme fille de mon flanc,
le dixième du revenu annuel de la riche province
du Khorassân.
"Vous verserez, à l'heure et à l'instant,cent mille
dinars d'or à la mère de Sucre d'Amour, comme
paiement de mes dettes à son égard.
"Comme dot de la fiancée, vous verserez cent
mille autres dinars d'or entre les mains de la mère
de Sucre d'Amour. Et le Gardien de la Cassette
des Joyaux, remettra à la mère, pour ma fille Sucre d'Amour, les trois-cent-quatre-vingt-dix-neuf
perles nobles, de la grosseur d'une noisette, qui
me sont échues pour ma part de butin au sac de
Nischabour".
"Ecrivez !"
Puis Al-Raschid se tourna vers la jouvencelle
Fahima fille du Capitaine de Police, et lui dit: "Et
toi, ô charmante fille de notre gardien de l'ordre,
puisque tu es la protégée de Dame Omm El-Hôl,

139

demande moi quelque faveur. Avec qui veux-tu
te marier ? J'ai des chambellans et de jeunes
émirs en quantité, de quoi embarasser ton choix.
Je pourrais les faire défiler devant toi, et tu jet-
terais ton dévolu sur celui qui te plairait".
t la jeune amie d'Omm El-Hôl répondit doucement, mais avec assurance et fermeté : "O Emir
des Croyants, je suis la servante de tes servantes.
Mais le mariage n'est pas le fait des jeunes filles
vouées. Or moi, cette nuit précisément, chez la
Grande Maîtresse des Vœux, je me suis vouée
pour la vie au service du Pur Amour. Et je vivrai
vierge, auprès de ma protectrice, mère de Sucre
d'Amour".
t Al-Raschid, fort surpris de cette étrange dé
claration, réfléchit un instant et dit à la jeune fille :
"Il n'y a pas d'inconvénient".
uis il dit aux Scribes :
"Toutefois écrivez ! Cinquante mille dinars d'or à
cette vierge vouée, fille de notre Préfet de Police".
t il se tourna vers Fléau-des-Souks et lui dit :
" O le plus vigilant des gardiens de l'Empire, que
souhaites-tu, en ce jour de la vocation de ta charmante fille ?" Et Fléau-des-Souks dit : "O Emir
des Croyants, il serait juste, puisque la fille ne
veut pas se marier, de marier le père de cette

fille !"

t Al-Raschid demanda : "As-tu fait déjà ton choix, ou t'en rapportes-tu à moi ?" Il répondit : "Si la chose ne risque pas d'indisposer l'Emir des Croyants, l'esclave à déja fait son choix. Et c'est la mère de Sucre d'Amour." Et le Khalife s'écria : "Et bien ! eh bien ! voilà qui est bien ! Mais encore faut-il que ce choix soit agréé par la dame de ton choix".

t il se tourna vers Omm El-Hôl et lui demanda : "Que penses-tu, ô dame, de notre Capitaine et de sa demande ? Est-ce un parti convenable ?" Elle répondit : " O Emir des Croyants, le père de ma protégée Fahima est quelqu'un de valeur et de poids. Et je l'accepte dans ma maison, mais c'est à la condition qu'il ne s'arroge d'autre droit, chez moi, que le droit d'être bien logé et bien nourri. Pour le reste... mafisch ! Car moi aussi, ô Emir des Croyants, depuis la mort de ton serviteur El-Hadj Manssour, je me suis vouée, par vœu, au Pur Amour !"

ces paroles d'Omm El-Hôl, Al-Raschid se mit à rire par éclats de rire, et s'écria : " O Fléau-des-Souks, il n'y a pas d'inconvénient !" Et il ajouta : "Et vous, ô Scribes, écrivez :
"Cinquante autres mille dinars d'or, par an, au

compte de la dame, épouse de notre Préfet de Police, pour loger et nourrir le Préfet de Police.
Mais défense à ce dernier de s'arroger d'autre
droit sur son épouse, qui s'est vouée au Pur
Amour !"

uis il ajouta en riant : "C'est Amour Pur sur
Amour Pur, sur Pur Amour, entre le père, la mère
et la fille. Et quelle insolite famille ! Mais, par Allah ! la solution est fort gentille". Et il ajouta encore : "Mais pour toi, ô Capitaine, c'est une amère
pastille !"

près quoi Al-Raschid dit : "N'oublions-pas
maintenant tout ceux-là ! Toi, ô ânier El-Kouz,
écoute un peu. Puisque dame Omm El-Hôl te pro-
tège, je te nomme chef de la corporation des
âniers de Baghdad. Et, en outre, je t'accorde, sur
le Trésor, une rente de mille dinars d'or, par
mois, pour que tu puisses élever le fils qui naîtra
sans père de ton épouse Zohra, laquelle est debout à tes côtés, celle-là même que l'on avait en-
graissée en quelques instants, lors de la nuit de
tes noces, par l'opération du soufflage.

"Et toi, ô teinturier Bakbak, et toi, maître du petit
pot, et toi, ô tripier à la chemise abricot ! Regardez ces trois adolescentes au fond de la salle,
dont la beauté célèbre le Créateur de la Beauté.

Chacune d'elles est destinée à chacun de vous, par tirage au sort. Et chacune d'elles porte,à son cou, pour dix mille dinars de joyaux, et à chacune d'elles est accordée une dot de cinquante mille dinars d'or.

"Quant à toi, mon fils Kafour, je t'emmène avec moi. Et je te nomme Chef des Eunuques, avec des émolûments en dinars d'or, sans compter les gratifications et les bakhschisch.

"Mais, par Allah! j'allais oublier l'homme le plus riche de Baghdad, Si Mahmoud, notre schahbandar des marchands. Que pourrais-je bien faire pour lui ? Il est plus opulent que nous tous réunis. Donc, ô Giafar, mon Vizir, je te charge d'examiner la comptabilité de ce très honnête marchand, et tu inscriras au compte du Trésor, le quart de ses immenses bénéfices annuels. Cela remplira, sans aucun doute, les coffres de l'Etat que je viens d'alléger quelque peu par mes urgentes libéralités d'aujourd'hui. Mais, pour faire récupérer à Si Mahmoud les sommes qu'il va verser au Trésor, je le nomme Contrôleur général des Impôts sur les marchandises.

"Ouassalam ! "

t lorsque le Khalife eut ainsi parlé, et tout fixé, en justice et en générosité, il vit paraître l'aile du

143

premier matin, et il se leva du divan pour rentrer
à son palais.

Mais, au même moment, la voix angélique du
muezzin matinal se fit entendre du haut du mina-
ret voisin, jetant au ciel et à la terre, aux quatre
points des horizons, l'appel à la Prière de l'Aurore :

“ALLAH EST PLUS GRAND !
ALLAH EST PLUS GRAND !
“J'ATTESTE QU'IL N'EST
POINT DE DIEU HORMIS
ALLAH !
“J'ATTESTE QUE MOHAM-
MAD EST L'ÉMISSAIRE D'AL-
LAH !
“J'ATTESTE QU'IL N'EST
POINT DE DIEU HORMIS
ALLAH !
“J'ATTESTE QUE MOHAM-
MAD EST L'ÉMISSAIRE D'AL-
LAH !

144

"█ATEZ-VOUS A LA PRIÈRE !
HATEZ-VOUS A LA PRIÈRE !
O CROYANTS.
"█L N'EST POINT DE DIEU
HORMIS ALLAH ! "

█ussitôt tous les assistants, avec l'Emir-Imam des Croyants à leur tête, pénétrés de ferveur, tournèrent humblement leur face, devenue rayonnante, vers la Kibla de direction, la sainte Kaâba d'Abraham. Et, mis ainsi dans l'attitude de la prière, les paumes derrière leurs oreilles, il restèrent un moment debout, immobiles de l'immobilité des servants divins. Puis, d'un mouvement unanime, ils se prosternèrent le front contre terre, dans le matin, adorant le Créateur du Premier Matin.

TABLE DES GRAVURES :
BANDEAUX & PLANCHES

LES 649 COMPOSITIONS EN "BOUTS DE
LIGNES", "BANDEAUX" ET "PLANCHES"
QUI ORNENT CET OUVRAGE SONT DE
F.-L. SCHMIED
QUI LES A GRAVÉES SUR BOIS ET IMPRI-
MÉES SUR SES PRESSES. COLLABORA-
TEURS : THÉO. SCHMIED FILS ET
P. GUILLEMAT, GRAVEURS-PRESSIERS.

ACHEVÉ D'IMPRIMER
LE 30 SEPTEMBRE 1927